¿Qué pasaría si..?
Respuestas serias y científicas a todo tipo de preguntas absurdas

Título original: What if?

Primera edición: mayo de 2015

D. R. © 2014, xkcd, Randall Munroe

D. R. © 2015, Irene Cora Tiedra, por la traducción
D. R. © 2015, OpalWorks, por el diseño de cubierta

D. R. © 2015, de la presente edición en castellano para todo el mundo:
      Penguin Random House Grupo Editorial, S. A. de C. V.
      Blvd. Miguel de Cervantes Saavedra núm. 301, 1er piso,
      colonia Granada, delegación Miguel Hidalgo, C. P. 11520,
      México, D. F.

www.megustaleer.com.mx

Diseño de cubierta: Opalworks
Fotografía de contracubierta: Paco Navarro

Comentarios sobre la edición y el contenido de este libro a:
megustaleer@penguinrandomhouse.com

ISBN 978-607-312-983-1

Impreso en México / *Printed in Mexico*

Temas

Liberación de responsabilidad	**11**
Introducción	**13**
Huracán mundial	**15**
Beisbol relativista	**23**
Piscina de combustible gastado	**28**
Preguntas extrañas (y preocupantes) de la bandeja de entrada de *¿Qué pasaría si...?* (1)	**33**
Máquina del tiempo neoyorquina	**34**
Almas gemelas	**46**
Puntero láser	**52**
Pared periódica de los elementos	**63**
Todos a saltar	**74**
Un mol de topos	**80**
Secadora	**87**
Preguntas extrañas (y preocupantes) de la bandeja de entrada de *¿Qué pasaría si...?* (2)	**97**
La última luz humana	**98**
Mochila cohete de ametralladoras	**108**

Elevarse a un ritmo constante   **115**

Preguntas extrañas (y preocupantes)
de la bandeja de entrada de ¿*Qué pasaría si...?* (3)   **120**

Submarino orbital   **121**

Sección de respuestas cortas   **127**

Relámpagos   **133**

Preguntas extrañas (y preocupantes)
de la bandeja de entrada de ¿*Qué pasaría si...?* (4)   **141**

Computadora humana   **142**

Planetita   **151**

Tiro de filete   **157**

Disco de hockey   **164**

Resfriado común   **167**

Vaso medio vacío   **174**

Preguntas extrañas (y preocupantes)
de la bandeja de entrada de ¿*Qué pasaría si...?* (5)   **182**

Astrónomos extraterrestres   **183**

No más ADN   **189**

Cessna interplanetario   **197**

Preguntas extrañas (y preocupantes)
de la bandeja de entrada de ¿*Qué pasaría si...?* (6)   **204**

Yoda   **205**

Estados sobrevolados   **209**

Descender con helio   **215**

Todo el mundo fuera   **219**

Preguntas extrañas (y preocupantes)
de la bandeja de entrada de ¿*Qué pasaría si...?* (7)   **225**

Autofecundación   **226**

Lanzamiento alto   **239**

Neutrinos letales   **246**

Preguntas extrañas (y preocupantes)
de la bandeja de entrada de ¿*Qué pasaría si...?* (8)   **251**

Tope   **252**

Inmortales perdidos   258

Velocidad orbital   264

Ancho de banda de FedEx   270

Caída libre   274

Preguntas extrañas (y preocupantes)
de la bandeja de entrada de *¿Qué pasaría si...?* (9)   279

Esparta   280

Vaciar los océanos   285

Vaciar los océanos (segunda parte)   292

Twitter   300

Puente de Lego   306

La puesta de sol más larga   314

Llamada tras estornudo al azar   320

Preguntas extrañas (y preocupantes)
de la bandeja de entrada de *¿Qué pasaría si...?* (10)   324

La Tierra en expansión   325

Flecha ingrávida   335

Tierra sin Sol   340

Actualizar una Wikipedia impresa   344

El Facebook de los muertos   348

Puesta de sol en el Imperio británico   354

Remover el té   358

Todos los rayos   **363**

El hombre más solo del mundo   **369**

Preguntas extrañas (y preocupantes)
de la bandeja de entrada de *¿Qué pasaría si...?* (11)   **374**

Gota de lluvia   **375**

Adivinar el SAT   **381**

Bala de neutrones   **384**

Preguntas extrañas (y preocupantes)
de la bandeja de entrada de *¿Qué pasaría si...?* (12)   **396**

Magnitud 15 en la escala de Richter   **397**

Agradecimientos   **404**

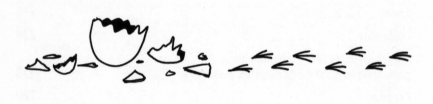

Liberación de responsabilidad

Introducción

Este libro es una recopilación de respuestas a preguntas hipotéticas.

Esas preguntas me llegaron a través de mi página web, donde —además de ser una especie de consejero para científicos chiflados— dibujo xkcd, cómics web.

No empecé mi carrera haciendo cómics. Estudié Física en la universidad y después de graduarme trabajé en robótica para la NASA. Finalmente dejé la NASA para dedicarme a dibujar cómics a tiempo completo, pero mi interés por la ciencia y las matemáticas nunca desapareció. Al final encontró una nueva forma de expresarse: responder las preguntas extrañas —y a veces preocupantes— de Internet. Este libro contiene una selección de las respuestas favoritas de mi página web además de un gran número de preguntas que se contestan aquí por primera vez.

He intentado usar las matemáticas para responder a preguntas extrañas desde que tengo uso de razón. Cuando tenía cinco años mantuve una conversación con mi madre que acabó anotando y guardando en un álbum de fotos. Cuando se enteró de que estaba escribiendo este libro, buscó ese papel y me lo mandó. Aquí está la reproducción textual de ese papel después de veinticinco años.

Randall: ¿En nuestra casa hay más cosas duras o blandas?
Julie: No lo sé.
Randall: ¿Y en el mundo?
Julie: No lo sé.

Randall: Bueno, en cada casa hay tres o cuatro almohadas, ¿verdad?

Julie: Sí.

Randall: Y cada casa tiene unos 15 imanes, ¿verdad?

Julie: Supongo.

Randall: Por lo tanto, 15 más 3 o 4, pongamos 4, son 19, ¿verdad?

Julie: Sí.

Randall: Entonces, probablemente ¡hay unos 3000 millones de cosas blandas y 5000 millones de cosas duras! ¿Cuál gana?

Julie: Imagino que las duras.

Hoy no tengo ni idea de dónde saqué esos «3000 millones» ni esos «5000 millones». Está claro que no sabía muy bien cómo funcionaba lo de hacer cuentas.

Mis matemáticas han mejorado un poco con los años, pero el motivo por el que hago matemáticas es el mismo que cuando tenía cinco años: quiero responder preguntas.

Se dice que no hay preguntas estúpidas. Es obvio que eso es un error; yo creo que mi pregunta sobre las cosas duras y blandas, por ejemplo, es bastante estúpida, pero resulta que intentar responder en profundidad a una pregunta estúpida te puede llevar a lugares muy interesantes.

Todavía no sé si hay más cosas duras o blandas en el mundo, pero he aprendido mucho sobre otras cosas a lo largo del camino. Lo que viene a continuación son mis partes favoritas de ese viaje.

RANDALL MUNROE

Huracán mundial

P. ¿Qué pasaría si la Tierra y todos los objetos que hay en ella de repente dejaran de girar, pero la atmósfera mantuviera su velocidad?

ANDREW BROWN

R. CASI TODO EL MUNDO MORIRÍA. Entonces la situación se pondría interesante.

En el ecuador, la superficie de la Tierra se mueve a alrededor de 470 metros por segundo —un poco más que 1,600 kilómetros por hora— en relación a su eje. Si la Tierra se parara y el aire no, el resultado sería un viento repentino de 1,600 kilómetros por hora.

El viento sería mayor en el ecuador, pero todo el mundo y todas las cosas que se encontrasen entre los 42 grados norte y los 42 grados sur —lo que incluye cerca del 85 por ciento de la población mundial— soportarían un viento supersónico.

Los vientos más fuertes sólo durarían unos minutos cerca de la superficie; la fricción con el suelo los haría lentos. Sin embargo, esos escasos minutos bastarían para reducir a ruinas prácticamente todas las estructuras humanas.

■ Suceden cosas terribles
☐ Suceden cosas terribles, pero más despacio

Mi casa en Boston está situada lo bastante al norte como para quedarse justo fuera de la zona de vientos supersónicos, pero los vientos serían el doble de fuertes que los del tornado más potente. Todos los edificios, desde los cobertizos a los rascacielos, quedarían aplastados, serían arrancados de raíz y rodarían sobre la superficie.

Los vientos serían más suaves cerca de los polos, pero ninguna ciudad se encuentra lo bastante lejos del ecuador como para librarse de una devastación. Longyearbyen o el archipiélago Svalbard, en Noruega —la ciudad con la latitud más alta del planeta— acabaría devastada por vientos iguales que los de los ciclones tropicales más fuertes nunca registrados.

Si vas a buscar un refugio para esperar a que pase, uno de los mejores lugares para ello puede ser Helsinki (Finlandia). Aunque su alta latitud —superior a 60° N— no bastaría para evitar que los vientos la arrasaran, el lecho rocoso que hay bajo Helsinki contiene una sofisticada red de túneles, además de un centro comercial subterráneo, una pista de hockey, un complejo acuático, etcétera.

¡Todos estos años te has burlado
de nosotros por vivir en un lugar
tan frío y oscuro!

¡Idiotas!

—Eipä, naura, enää!

Siitäs saite!!

Ningún edificio se salvaría; incluso las estructuras lo bastante fuertes como para aguantar los vientos estarían en peligro. Tal y como dijo el cómico Ron White sobre los huracanes: «No es *que* sople el viento; es *qué* sopla el viento».

Digamos que estás en un búnker enorme hecho de algún material que puede aguantar vientos de 1,600 kilómetros por hora.

Entonces el cerdito número 92 construyó
una casa de uranio empobrecido.

Y el lobo estaba en plan: «Pero, qué».

Eso sería genial y estarías bien…, si fueras el único en un búnker. Lamentablemente, lo más seguro es que tuvieras vecinos y, si el vecino situado a barlovento tuviera un búnker que no estuviera tan bien sujeto, tu búnker tendría que aguantar el impacto a 1,600 kilómetros por hora de su búnker.

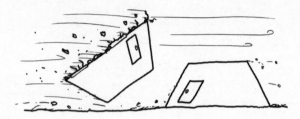

La raza humana no se extinguiría[1]. En general muy poca gente sobre la superficie sobreviviría; los restos arrastrados por el viento pulverizarían cualquier cosa que no fuera resistente a una explosión nuclear. Sin embargo, mucha gente bajo la superficie del suelo sobreviviría sin problemas. Si estuvieras en un sótano profundo (o mejor, en un túnel de metro) cuando sucediera, tendrías buenas probabilidades de sobrevivir.

También habría otros supervivientes afortunados. Los numerosos científicos y personal de la estación de investigación Amundsen-Scott, en el Polo Sur, estarían a salvo de los vientos. Para ellos la primera señal de que habría problemas sería que el mundo exterior de repente se quedaría en silencio.

Ese misterioso silencio probablemente los distraería durante un rato, pero al final alguien se daría cuenta de algo más extraño:

---

1 Es decir, no en ese preciso momento. (Esta nota, como las siguientes, a menos que se indique otra procedencia, es del autor).

El aire

A medida que los vientos remitieran, la situación se volvería más extraña.

La fuerza del viento se traduciría en una ola de calor. Normalmente, la energía cinética de una ráfaga de viento es tan pequeña que resulta insignificante, pero en este caso no serían vientos normales. Cuando se detuviera de manera brusca, el aire se calentaría.

En la tierra, esto llevaría a unas temperaturas abrasadoras y se originarían —en las zonas donde el aire es húmedo— tormentas mundiales.

Al mismo tiempo, el viento que barriera los océanos revolvería y pulverizaría la capa superficial de agua. Durante un tiempo, el océano dejaría de tener superficie: sería imposible saber dónde termina la espuma y empieza el mar.

Los océanos son fríos. Debajo de la fina capa superficial mantienen una temperatura uniforme de unos 4°C. La tempestad agitaría el agua desde las profundidades y la entrada de espuma fría en el aire sobrecalentado crearía un tipo de clima nunca visto sobre la tierra: una mezcla turbia de viento, rocío marino, niebla y cambios bruscos de temperatura.

Esta marejada llevaría a una proliferación de vida, dado que abundarían los nutrientes en las capas superiores. Al mismo tiempo supondría una gran mortandad de cangrejos, tortugas marinas y animales incapaces de soportar el agua baja en oxígeno del fondo. Cualquier animal que necesite respirar —como las ballenas y los delfines— tendría problemas a la hora de sobrevivir en esa turbulenta fusión de mar y aire.

Las olas barrerían el globo terráqueo de este a oeste y todas las orillas orientadas al este se enfrentarían a la tormenta más grande de la historia mundial. Una nube cegadora de espuma marina barrería el interior y detrás de ella una pared de agua turbulenta y agitada se abriría paso como un tsunami. En algunos lugares las olas se internarían muchos kilómetros tierra adentro.

Los huracanes introducirían grandes cantidades de polvo y desechos en la atmósfera.

Al mismo tiempo, un manto denso de niebla se formaría sobre las superficies del frío océano. Por regla general, esto haría que las temperaturas mundiales cayeran en picado. Eso es lo que sucedería.

Al menos en un lado de la Tierra.

Si la Tierra dejara de girar, el ciclo normal del día y la noche terminaría. El Sol no dejaría de moverse por completo alrededor del cielo, pero en lugar de salir y ponerse una vez al día lo haría una vez al año.

El día y la noche durarían seis meses, incluso en el ecuador. Cuando fuera de día la superficie se abrasaría bajo el sol constante mientras que cuando fuera de noche la temperatura caería de golpe. La convección de la parte del día daría como resultado enormes tormentas en la zona justo debajo del Sol[2].

Si ya no existe el antiguo ciclo
día-noche, ¿cuándo voy a
alimentar a estos gremlings?

---

2 Aunque sin el efecto Coriolis nadie sabe hacia qué lado girarían.

En cierta manera, la Tierra se parecería a uno de los exoplanetas con acoplamiento de mareas que se suelen encontrar en la zona habitable de una estrella enana roja, pero una mejor comparación sería con una Venus muy primitiva. Debido a su rotación, Venus —como nuestra Tierra detenida— mantiene la misma cara mirando hacia el Sol durante meses. Sin embargo, su densa atmósfera circula bastante rápido, lo que hace que el día y la noche tengan aproximadamente la misma temperatura.

Aunque la duración del día podría cambiar, ¡la duración del mes no! La Luna no ha dejado de rotar alrededor de la Tierra. Sin embargo, si la rotación de la Tierra no le da su energía maremotriz, la Luna dejaría de alejarse de la Tierra (como está haciendo actualmente) y empezaría a acercarse lentamente hacia nosotros.

De hecho, la Luna —nuestra fiel compañera— intervendría para reparar los daños generados en el escenario presentado por Andrew. En este momento la Tierra gira más rápido que la Luna y nuestras mareas hacen más lenta la rotación de la Tierra a la vez que alejan a la Luna[3]. Si dejáramos de rotar, la Luna dejaría de alejarse de nosotros. En lugar de ralentizarnos, sus mareas acelerarían nuestra rotación. Tranquilamente y de manera silenciosa, la gravedad de la Luna tiraría de nuestro planeta...

---

3 En «Leap Seconds» («Segundos intercalares»), *http://what-if.xkcd. com/26*, se explica por qué ocurre esto.

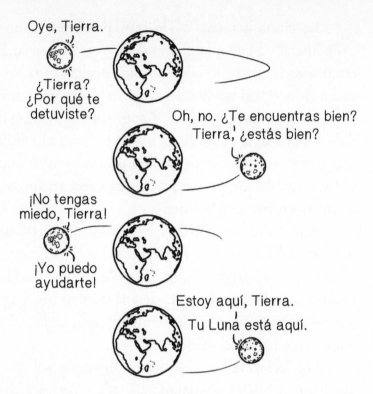

Y la Tierra volvería a girar de nuevo.

Beisbol relativista

P. ¿Qué pasaría si golpearas una pelota de beisbol lanzada al 90 por ciento de la velocidad de la luz?

Ellen Macmanis

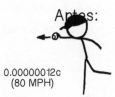

Antes:

0.00000012c
(80 MPH)

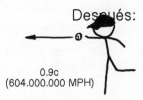

Después:

0.9c
(604.000.000 MPH)

Dejemos a un lado la cuestión de cómo conseguimos que la pelota de beisbol se mueva así de rápido. Supongamos que es un lanzamiento normal salvo que, en el instante en el que el pícher suelta la pelota, esta mágicamente acelera a 0,9c. A partir de este momento todo se desarrollaría conforme a la física tradicional.

R. La respuesta es «muchas cosas» y todas sucederían muy rápido y no terminarían muy bien para el bateador (o el pícher). Para tratar de resolver este supuesto me senté con algunos libros de física, una figurita del jugador Nolan Ryan y un montón de videos sobre pruebas nucleares. Lo que sigue a continuación es mi mejor aproximación con una descripción nanosegundo a nanosegundo.

La pelota iría tan rápida que todo lo demás permanecería prácticamente inmóvil. Hasta las moléculas de aire se quedarían quietas. Las moléculas de aire vibrarían hacia atrás y hacia delante a unos 160 kilómetros por hora, pero la pelota se movería a través de ellas a 965 millones de kilómetros por hora. Eso quiere decir que en relación con la pelota las moléculas se quedarían ahí flotando, congeladas.

Los principios de la aerodinámica no se aplican en este caso. Normalmente, el aire fluye alrededor de cualquier cosa que se mueva a través de él. Pero las moléculas de aire que se encontraran en el camino de esta pelota no tendrían tiempo de apartarse del medio. La pelota golpearía contra ellas tan fuerte que los átomos de las moléculas del aire se fusionarían con los átomos de la superficie de la pelota. Cada colisión liberaría una explosión de rayos gamma y partículas dispersas[1].

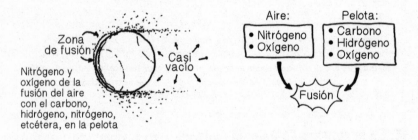

1 Después de que yo publicara este artículo, el físico del MIT Hans Rinderknecht se puso en contacto conmigo para comunicarme que había simulado este escenario en los ordenadores de su laboratorio. Su conclusión fue que al principio del vuelo de la pelota la mayoría de las partículas se estarían moviendo demasiado rápido para causar una fusión y atravesarían la pelota, calentándola más despacio y de manera más uniforme de lo que describía mi artículo original.

Estos rayos gamma y desechos se expandirían en una burbuja alrededor del montículo del pícher. Empezarían a romper las moléculas en el aire, arrancando los electrones de los núcleos y convirtiendo el aire del estadio en una burbuja creciente de plasma incandescente. La pared de esta burbuja se acercaría al bateador a aproximadamente la velocidad de la luz, ligeramente por delante de la pelota.

La fusión constante al frente de la pelota la haría retroceder, ralentizándola, como si la pelota fuera un cohete que volara de cola mientras encienden motores.

Lamentablemente, la pelota iría tan rápido que incluso la tremenda fuerza de esta explosión termonuclear constante apenas la haría más lenta. Empezaría en cambio a consumir la superficie, haciendo estallar fragmentos diminutos de la pelota en todas las direcciones. Estos fragmentos irían tan rápido que cuando impactasen con moléculas de aire desencadenarían dos o tres rondas más de fusión.

Después de 70 nanosegundos la pelota llegaría al *home*. El bateador ni siquiera habría visto al pícher soltar la pelota, dado que la luz que transmite esa información llegaría al mismo tiempo que la pelota. Las colisiones con el aire habrían consumido la pelota casi por completo y ahora sería una nube de plasma creciente (principalmente carbono, oxígeno, hidrógeno y nitrógeno) con forma de bala embistiendo en el aire y desencadenando más fusiones a su paso. Los rayos X impactarían primero en el bateador, seguidos de la nube de desechos unos nanosegundos después.

Cuando llegara al *home,* el centro de la nube seguiría moviéndose a una fracción considerable de la velocidad de la luz. Primero impactaría en el bate, pero a continuación el bateador, plato y receptor serían levantados del suelo y arrastrados hacia atrás por la barrera a medida que se desintegrasen. Los rayos X y el plasma sobrecalentado se expandirían hacia fuera y hacia arriba, absorbiendo la barrera, los dos equipos, las gradas y el vecindario circundante, todo en el primer microsegundo.

Imagina que lo estás viendo desde una colina fuera de la ciudad. Lo primero que verías sería una luz cegadora, mucho más deslumbrante que el sol. Esta se iría disipando de manera gradual en el transcurso de unos segundos y una creciente bola de fuego se convertiría en una nube en forma de hongo. A continuación, tras un gran estruendo, la onda expansiva llegaría, haciendo pedazos los árboles y destrozando las casas.

Todo lo que estuviera a aproximadamente un kilómetro del parque quedaría nivelado y una tormenta de fuego sepultaría toda la ciudad. El campo de beisbol, ahora convertido en un considerable cráter, se concentraría a unos treinta metros detrás de la posición original de la barrera.

La regla 6.08 (b) de la Liga Nacional de Beisbol menciona que en esta situación el bateador debería considerarse «golpeado por lanzamiento» y podría avanzar a la primera base.

Piscina de combustible gastado

P. ¿Qué pasaría si me baño en una piscina de combustible nuclear gastado? ¿Tendría que bucear en ella para recibir una cantidad mortal de radiación? ¿Cuánto tiempo podría permanecer a salvo en la superficie?

Jonathan Bastien-Filiatrault

R. Suponiendo que seas un nadador razonablemente bueno, podrías sobrevivir a flote en el agua entre 10 y 40 horas. Llegado ese momento te desmayarías del cansancio y te ahogarías. Lo mismo sucedería en una piscina que no tuviera combustible nuclear en el fondo.

El combustible nuclear gastado es muy radioactivo. El agua es buena tanto para el blindaje contra las radiaciones como para su enfriamiento, por lo que el combustible se almacena en el fondo de piscinas durante un par de décadas hasta que es lo bastante inerte para ponerlo en contenedores secos. Todavía no nos hemos puesto de acuerdo en dónde dejar esos contenedores secos. Uno de estos días deberíamos solucionarlo.

A continuación presento la geometría típica de una piscina de almacenamiento de combustible.

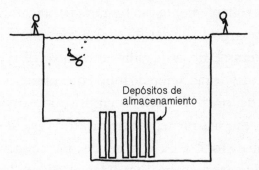

Depósitos de almacenamiento

El calor sería un gran problema. La temperatura del agua en una piscina de combustible puede alcanzar en teoría los 50°C, pero en la práctica suele rondar entre los 25°C y los 35°C, más caliente que la mayoría de las piscinas pero más fría que un baño caliente.

Las barras de fuel más radioactivas son las que se acaban de extraer de un reactor. En relación a los tipos de radiación que se desprenden del combustible nuclear gastado, cada 7 centímetros de agua la cantidad de radiación se divide por la mitad. Basándonos en los niveles de actividad proporcionados por Ontario Hydro en su informe, esta sería la zona de peligro para las barras nuevas de combustible:

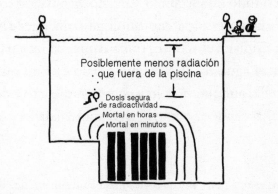

Posiblemente menos radiación que fuera de la piscina

Dosis segura de radioactividad
Mortal en horas
Mortal en minutos

Si nadases hasta el fondo, tocases con los codos un depósito de combustible nuevo y nadaras de inmediato a la superficie probablemente eso bastaría para matarte.

Sin embargo, fuera del límite exterior podrías nadar todo lo que quisieras: la dosis de radiación central sería menor que la dosis normal de radiación de fondo que obtienes al caminar por los alrededores. De hecho, siempre que estuvieras debajo del agua, estarías protegido de casi toda esa dosis normal de radiación de fondo. Es más, puede que recibieses una dosis menor de radiación en el agua de una piscina de combustible gastado que caminando alrededor por la calle.

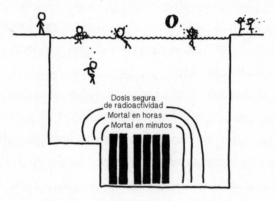

Recuerda: soy un caricaturista. Si sigues mis consejos sobre seguridad con materiales nucleares, seguramente merezcas lo que te ocurra.

Eso si todo sale según lo previsto. Si hay corrosión en las carcasas de las barras de combustible gastado, puede haber productos de fisión en el agua. El trabajo que realizan para mantener limpia el agua es muy bueno, por lo que no sería dañino nadar en ella, aunque sí es lo bastante radioactiva como para que sea ilegal venderla como agua embotellada[1].

---

1 Lo que es una pena, porque sería una bebida energética increíble.

Sabemos que nadar en las piscinas de combustible es seguro porque hay buzos que se encargan de su mantenimiento de manera rutinaria.

Sin embargo, estos buzos deben tener cuidado.

El 31 de agosto de 2010 un buzo que se encargaba del mantenimiento de la piscina de combustible gastado en el reactor nuclear de Leibstadt, en Suiza, vio un tubo de longitud incierta en el fondo de la piscina y avisó por radio a su supervisor para preguntar qué debía hacer. Le dijeron que lo pusiera en su cesta de herramientas, que fue lo que hizo, pero debido al ruido de las burbujas no oyó la alarma de radiación.

Cuando sacó la cesta de herramientas del agua, saltó la alarma de radiación de la habitación. El buzo tiró la cesta de nuevo al agua y salió de la piscina. Los dosímetros del buzo mostraron que había recibido una dosis de radiación mayor de lo normal en todo el cuerpo y una dosis extremadamente alta en su mano derecha.

El objeto resultó ser un tubo protector de un monitor de radiación en el núcleo del reactor, convertido en altamente radioactivo por el flujo de neutrones. Se había desprendido de manera accidental cuando en 2006 cerraron una cabina. Enseguida se hundió y permaneció en una esquina de la piscina, donde había pasado inadvertido cuatro años.

El tubo era tan radioactivo que si el buzo lo hubiera colocado en su cinturón de herramientas o en su bolso colgado al hombro, que están más cerca del cuerpo, podría haber muerto. En su caso, el agua lo protegió y sólo su mano —una parte del cuerpo más resistente a la radiación que los delicados órganos internos— recibió una dosis alta.

Por lo tanto, respecto a lo seguro que sería nadar, la conclusión es que probablemente no te pasara nada, siempre que no bucearas hasta el fondo ni cogieras algo extraño.

Pero para cerciorarme me puse en contacto con un amigo mío que trabaja en un reactor de investigación y le pregunté qué creía que le pasaría a alguien que intentase nadar en su piscina de radiación.

—¿En nuestro reactor? —Pensó unos segundos—. Morirías enseguida, antes de tocar el agua, por las heridas de bala.

Preguntas extrañas (y preocupantes) de la bandeja de entrada de *¿Qué pasaría si...?* (1)

P. ¿Sería posible que mis dientes alcanzaran una temperatura tan fría que se hicieran añicos al beber un café caliente?

SHELBY HEBERT

Gracias, Shelby, por esta nueva y recurrente pesadilla.

P. ¿Cuántas casas se incendian cada año en Estados Unidos? ¿Cuál sería la manera más sencilla de aumentar considerablemente esa cifra (digamos como mínimo un 15 por ciento)?

ANÓNIMO

Hola, ¿la policía?

Tengo una página web donde la gente me hace preguntas y...

Máquina del tiempo neoyorquina

P. Doy por hecho que cuando viajas en el tiempo terminas en el mismo lugar de la superficie terrestre. Al menos así sucedía en las películas *Volver al futuro*. En ese caso, ¿qué pasaría si, desde la plaza de Times Square de Nueva York, viajaras al pasado 1,000 años? ¿10,000 años? ¿100,000 años? ¿1,000,000 de años? ¿1,000,000.000 de años? ¿Y si viajaras al futuro 1,000,000 de años?

MARK DETTLING

Hace 1,000 años

Manhattan ha estado continuamente habitada durante los últimos 3,000 años y la primera vez que fue poblada por el hombre quizá fue hace 9,000 años.

En 1600, cuando llegaron los europeos, la zona estaba habitada por los indígenas lenape[1]. Los lenape eran una confederación de tribus que vivían en lo que hoy día se conoce como Connecticut, Nueva York, Nueva Jersey y Delaware.

Hace 1,000 años lo más probable es que la zona estuviera habitada por un grupo similar de tribus, pero esos habitantes vivirían 500 años antes del contacto con Europa. Estarían tan desconectados de los lenape de 1600 como los lenape de 1600 lo están del mundo moderno.

Para saber cómo sería Times Square antes de que ahí hubiera una ciudad, echemos un vistazo al gran proyecto llamado Welikia, que surgió de un proyecto más pequeño llamado Mannahatta. El proyecto Welikia ha elaborado un mapa ecológico detallado del paisaje de Nueva York en el momento de la llegada de los europeos.

El mapa interactivo, disponible en la red en *welikia.org,* es una fantástica instantánea de un Nueva York diferente. En 1609, la isla de Manhattan formaba parte de un paisaje de suaves colinas, pantanos, bosques, lagos y ríos.

La Times Square de hace 1,000 años puede que fuera ecológicamente similar a la Times Square descrita por Welikia. Superficialmente, lo más probable es que se pareciera a los bosques maduros que todavía se encuentran en algunas localidades del noroeste de Estados Unidos. Sin embargo, habría notables diferencias.

Hace 1,000 años habría más animales grandes. Los bosques maduros del noroeste de Estados Unidos, hoy día desperdigados e irregulares, casi no cuentan con depredadores

---

1 También conocidos como los delaware.

grandes; tenemos algunos osos, lobos y coyotes, y prácticamente ningún puma. (En cambio, nuestra población de ciervos ha aumentado gracias en parte a la eliminación de depredadores grandes).

Los bosques de Nueva York de hace 1,000 años estarían
abarrotados de castaños. Antes de la epidemia de roya de
principios del siglo xx, los bosques de madera dura del noreste de Estados Unidos eran en un 25 por ciento castaños.
Ahora solo sobreviven sus tocones.

Hoy día todavía puedes encontrarte con esos tocones en
los bosques de Nueva Inglaterra. Periódicamente salen nuevos
brotes, pero se marchitan en cuanto la roya empieza a actuar.
Algún día no muy lejano el último de los tocones perecerá.

Los lobos serían frecuentes en los bosques, sobre todo
a medida que avanzaras hacia el interior. Puede que también
te toparas con pumas[2] y palomas pasajeras[3].

---

2 También llamados leones de montaña o panteras.
3 Aunque puede ser que no vieras los billones de palomas que se encontraron los colonos europeos. En su libro 1491, Charles C. Mann argumenta
que las enormes bandadas que vieron los colonos europeos es posible que
fueran un síntoma del caótico ecosistema, alterado como consecuencia de la
llegada de la viruela, el pasto azul de Kentucky y las abejas.

Hay una cosa que no verías: lombrices. No había lombrices en Nueva Inglaterra cuando llegaron los colonos. Para conocer los motivos de la ausencia de lombrices retrocedamos un paso más al pasado.

Hace 10,000 años

Hace 10,000 años la Tierra estaba saliendo de un periodo muy frío.

Las enormes placas de hielo que cubrían Nueva Inglaterra se habían desplazado. Hace alrededor de 22,000 años, el borde meridional del hielo estaba cerca de la isla de los Estados, pero hace 18,000 años había retrocedido hacia el norte pasando Yonkers[4]. En el momento de nuestra llegada hace 10,000 años gran parte del hielo se había retirado a lo largo de la actual frontera canadiense.

Las placas de hielo peinaron el paisaje y lo convirtieron en un lecho de roca. En los siguientes 10,000 años la vida retrocedió hacia el norte. Algunas especies avanzaron hacia el norte más rápido que otras, pero cuando los europeos llegaron a Nueva Inglaterra las lombrices no habían regresado todavía.

A medida que las placas de hielo se retiraban, se fueron

---

4 Es decir, el lugar donde esta actualmente Yonkers. Lo más seguro es que no se llamara así, dado que «Yonkers» es un nombre procedente del holandés que se le dio a un asentamiento que data de finales de 1600. Sin embargo, hay quien dice que siempre ha existido un lugar llamado Yonkers, que de hecho precede a la humanidad y la Tierra. Es decir, me temo que soy yo solo quien defiende eso, pero es que soy muy polemista.

desprendiendo y quedaron atrás grandes trozos de hielo.

Cuando esos trozos de hielo se derritieron, dejaron depresiones llenas de agua en el terreno llamadas marmitas de gigante. El lago Oakland, cerca del extremo norte del Springfield Boulevard, en Queens, es una de ellas. Las placas de hielo también dejaron rocas que habían recogido por el camino; algunas de ellas, llamadas bloques erráticos, se pueden encontrar hoy día en Central Park.

Debajo del hielo, los ríos de agua de deshielo fluían a alta presión, depositando arena y gravilla a medida que avanzaban. Estos depósitos, que se mantienen como crestas llamadas *eskers*, perfilan el paisaje del bosque fuera de mi casa en Boston y son responsables de una variedad de extraños accidentes geográficos, incluidos los únicos lechos verticales con forma de U del mundo.

Qué raro, este gira sobre sí mismo.

Ah, un M. C. *esker**.

* Juego de palabras entre el fenómeno topográfico del esker y el artista M. C. Escher, conocido por sus estructuras imposibles [N. del E.].

Hace 100,000 años

El mundo hace 100,000 años puede que se pareciera mucho al nuestro[5]. Ahora vivimos en una era de glaciaciones rápidas y en expansión, pero durante 10,000 años nuestro clima ha sido estable[6] y cálido.

Hace 100,000 años, la Tierra estaba cerca del final de un periodo similar de estabilidad climática. Se llama el Sangamon interglacial y probablemente tuviera un ecosistema desarrollado que nos parecería familiar.

La geografía costera era totalmente diferente; tanto Staten Island, Long Island y Nantucket como Martha's Vineyard eran terraplenes levantados por el último gran avance del hielo. Hace 100,000 años, la costa estaba salpicada de otras islas diferentes.

Muchos de los animales de hoy se hallarían en esos bosques —pájaros, ardillas, ciervos, lobos, osos negros—, pero habría otras adiciones importantes. Para ahondar en ello veamos el misterio del berrendo.

---

5 Aunque con menos vallas publicitarias.
6 Bueno, lo era. Estamos acabando con eso.

El berrendo moderno (antílope americano) presenta un enigma. Es un corredor rápido, de hecho es mucho más rápido de lo que necesita. Puede correr a 88 kilómetros por hora y mantiene esa velocidad durante distancias largas. Sin embargo sus depredadores más rápidos, los lobos y los coyotes, apenas superan los 55 kilómetros por hora cuando esprintan. ¿Por qué los antílopes americanos han desarrollado tal velocidad?

La respuesta es que el mundo en el que se desarrolló el antílope americano era mucho más peligroso que el nuestro. Hace 100,000 años, en los bosques norteamericanos había *Canis dirus* (lobo gigante), *Arctodus* (oso de cara corta) y *Smilodon fatalis* (felino de dientes de sable), los cuales debieron ser más rápidos y mortíferos que los depredadores modernos. Todos se extinguieron en el periodo cuaternario, que tuvo lugar justo después de que los primeros humanos colonizaran el continente[7].

Si nos remontamos un poco más en el tiempo, conoceremos a otro temible depredador.

Hace 1,000,000 de años

Hace 1,000,000 de años, antes de las últimas glaciaciones, el mundo era bastante cálido. Era a mediados del periodo cuaternario; las grandes edades de hielo modernas habían empezado varios millones de años antes, pero hubo una pausa en el avance y retroceso de los glaciares y el clima era relativamente estable.

Los depredadores que hemos visto antes, las criaturas veloces que podían cazar al antílope americano, convivían

---

7 Si alguien pregunta, pura coincidencia.

con otro carnívoro aterrador, una hiena de extremidades largas parecida al lobo moderno. Las hienas se hallaban principalmente en África y Asia, pero cuando descendió el nivel
del mar, una especie cruzó el estrecho de Bering hacia Norteamérica. Como fue la única que lo hizo, recibió el nombre
de *Chasmaporthetes,* que significa «el que vio el cañón».

Ahora la pregunta de Mark nos hace dar un gran salto
en el tiempo.

Hace 1,000,000,000 años

Hace 1,000,000,000 de años las placas continentales estaban
unidas en un gran supercontinente. Este no era la famosa Pan-
gea, sino su predecesor: Rodinia. El registro geológico no es
muy preciso, pero nuestra mejor aproximación es esta:

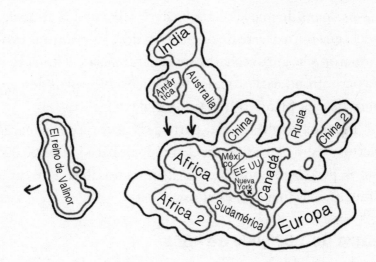

En tiempos de Rodinia el lecho de roca que hoy día yace
bajo Manhattan todavía no se había formado, pero las rocas
de Norteamérica ya eran antiguas. La parte del continente

que ahora es Manhattan lo más seguro es que fuera una región interior conectada a lo que ahora es Angola y Sudáfrica.

En este mundo ancestral no había plantas ni animales. Los océanos estaban llenos de vida, pero era vida unicelular. En la superficie del agua había mantos de algas verdeazules.

Esas sencillas criaturas eran los exterminadores más letales.

Las algas verdeazules o cianobacterias fueron los primeros fotosintetizadores e inhalaban dióxido de carbono y exhalaban oxígeno. El oxígeno es un gas volátil; hace que el hierro se oxide (oxidación) y la madera se queme (oxidación vigorosa). Cuando las cianobacterias aparecieron por primera vez, el oxígeno que exhalaban era tóxico para casi todas las formas de vida. La extinción resultante se llamó la catástrofe del oxígeno.

Después de que las cianobacterias llenaran la atmósfera y el agua de la Tierra de oxígeno tóxico, las criaturas evolucionaron y se aprovecharon de la naturaleza volátil del gas para permitir nuevos procesos biológicos. Nosotros descendemos de esos primeros inhaladores de oxígeno.

Muchos detalles de esta parte de la historia permanecen inciertos; es difícil reconstruir el mundo de hace 1,000,000,000 de años, pero la pregunta de Mark ahora nos lleva a un campo mucho más incierto: el futuro.

Dentro de 1,000,000 de años

Con el tiempo los humanos se extinguirán. Nadie sabe cuándo[8], pero nada vive eternamente. Quizá nos propaguemos

---

8 Si lo sabes, mándame un email.

hacia las estrellas y sobrevivamos mil millones o billones de años. Quizá la civilización colapse, sucumbamos al hambre y las enfermedades y los últimos supervivientes sean devorados por felinos. Quizá unas horas después de que leas esta frase nos aniquilen unos nanobots. No hay modo de saberlo.

Es mucho tiempo 1,000,000 de años. Es varias veces más de lo que ha existido el *Homo sapiens* y cien veces más del tiempo desde el que tenemos lengua escrita. Parece razonable asumir que, independientemente de cómo se desarrolle la historia humana, en 1,000,000 de años habrá abandonado su estado actual.

Sin nosotros, la geología de la Tierra continuaría durante mucho tiempo. Los vientos, la lluvia y las ráfagas de arena disolverían y enterrarían los artefactos de nuestra civilización. El cambio climático causado por el ser humano probablemente retrase el inicio de la siguiente glaciación, pero no hemos terminado con el ciclo de las edades de hielo. Con el tiempo los glaciares volverán a avanzar. Dentro de 1,000,000 de años quedarán muy pocos artefactos humanos.

Nuestra reliquia más duradera seguramente será la capa de plástico que hemos depositado en el planeta. Al extraer petróleo y procesarlo en polímeros resistentes y perdurables que hemos extendido a lo largo de la superficie de la Tierra, hemos dejado una huella que puede que dure más que cualquier otra cosa que hagamos.

Nuestro plástico acabará hecho añicos y enterrado, y quizá algún microbio aprenda a digerirlo, pero lo más probable es que en 1,000,000 de años una capa de hidrocarburos procesados —fragmentos transformados de nuestros botes de champú y bolsas de la compra— sea el monumento químico de nuestra civilización.

El futuro lejano

El Sol cada vez brilla más. Durante 3,000 millones de años un complejo sistema de ciclos de retroacción ha mantenido la temperatura de la Tierra relativamente estable a medida que el Sol se ha ido calentando paulatinamente.

En 1,000 millones de años estos ciclos de retroacción se habrán agotado. Nuestros océanos, que sustentan la vida y se mantienen fríos, se habrán convertido en su peor enemigo. Se habrán evaporado con el Sol abrasador, envolviendo el planeta en un manto de vapor de agua y causando un efecto invernadero incontrolable. En 1,000,000 de años, la Tierra se convertirá en una segunda Venus.

A medida que el planeta se caliente, puede que nos quedemos sin nada de agua y la atmósfera se llene de vapor de roca, dado que la corteza empieza a hervir. Con el tiempo, después de varios miles de millones de años nos consumirá el creciente Sol.

La Tierra quedará incinerada y el Sol en extinción hará que muchas de las moléculas que forman Times Square exploten hacia el exterior. Estas nubes de polvo irán a la deriva

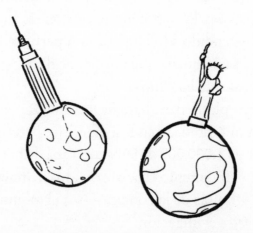

por el espacio, quizá desmoronándose para formar nuevas estrellas y planetas.

Si los humanos saliéramos del sistema solar y viviéramos más que el Sol, tal vez nuestros descendientes algún día viviesen en uno de esos planetas. Los átomos de Times Square que atravesaran el núcleo del Sol formarían nuestros cuerpos nuevos.

Algún día todos moriremos o bien seremos neoyorquinos.

Almas gemelas

P. ¿Qué pasaría si todo el mundo sólo tuviera un alma gemela y fuera una persona al azar que se encontrara en cualquier parte del planeta?

BENJAMIN STAFFIN

R. ESO SERÍA UNA PESADILLA TOTAL.

Es muy problemático el concepto de una única alma gemela asignada al azar. Tal y como explicó Tim Minchin en su canción *If I Didn't Have You* («Si no te tuviera»):

> *Tu amor es uno entre un millón.*
> *No se puede comprar a cualquier precio.*
> *Pero de los otros 999,999 amores,*
> *estadísticamente, alguno sería igual de bueno.*

Pero ¿qué pasaría si realmente sólo tuviéramos un alma gemela perfecta asignada al azar y no pudiéramos ser felices con nadie más? ¿Nos encontraríamos?

Bueno, supongamos que tu alma gemela es elegida cuando naces. No sabes nada de quién es ni dónde está, pero —como en el cliché romántico— se reconocen en cuanto sus miradas se cruzan.

De inmediato, esto plantea ciertos interrogantes. Para empezar, ¿seguirá tu alma gemela viva? A lo largo de la historia han vivido aproximadamente 100,000 millones de humanos, pero solo 7,000 millones viven hoy día (lo que da a la condición humana una tasa de mortalidad del 93 por ciento). Si a todos nos emparejaran al azar, el 90 por ciento de nuestras almas gemelas habrían fallecido hace mucho.

Alma gemela fallecida en...

| 1945 | 1980 | 2051 a. C. | 5118 a. C. | 1630 |
| 1888 | 680 a. C. | Viva (hasta 2014) | 1942 | 63556 a. C. |

Eso suena horrible. Pero espera, la cosa se pone peor: un simple argumento muestra que no podemos limitarnos a los humanos del pasado; también tenemos que incluir a un número indeterminado de humanos del futuro. Es decir, si tu alma gemela puede estar en el pasado remoto, entonces también es posible que las almas gemelas se encuentren en un futuro lejano. Después de todo eres el alma gemela de tu alma gemela.

Supongamos que tu alma gemela vive en la misma época que tú. Además, para evitar que la situación se vuelva extraña supondremos que no se llevan muchos años. (Esto es más estricto que la diferencia de años de la regla de la edad socialmente aceptada de una pareja[1], pero si damos por hecho

---

1 En *xkcd*, «Grupo de citas»: *http://xkcd.com/314.*

que una persona de treinta años y una de cuarenta pueden ser almas gemelas, entonces la regla de la edad socialmente aceptada se infringe si de manera accidental se conocen quince años antes). Con la misma restricción en la edad, la mayoría de nosotros tendría un abanico de alrededor de medio millón de parejas potenciales.

Pero ¿y qué pasa con la orientación sexual y el sexo de las personas? ¿Y con la cultura? ¿Y con el idioma? Podríamos seguir usando la demografía para tratar de limitar más las posibilidades, pero nos estaríamos alejando de la idea de un alma gemela asignada al azar. En el escenario que presentamos no sabrías quién es tu alma gemela hasta que se miraran a los ojos. Todo el mundo tendría sólo una orientación: hacia su alma gemela.

Las posibilidades de encontrarte con tu alma gemela serían increíblemente pequeñas. El número de desconocidos con los que estableces contacto visual cada día varía desde casi ninguno (la gente de los pueblos pequeños o la recluida en casa) hasta miles (un oficial de policía en Times Square), pero supongamos que cruzas la mirada con una media de varias decenas de extraños nuevos cada día. (Yo soy muy introvertido, por lo que para mí esa es una estimación muy generosa). Si el 10 por ciento de ellos tiene una edad cercana a la tuya, eso sería unas 50,000 personas en toda una vida. Considerando que tienes 500,000,000 de almas gemelas potenciales, significa que encontrarías a tu amor verdadero en una de cada 10,000 vidas.

Con la amenaza de morir solos acechando de manera tan prominente, la sociedad podría reestructurarse para intentar lograr todo el contacto visual que fuera posible. Podríamos poner cintas transportadoras enormes para desplazar filas de personas unas delante de otras…

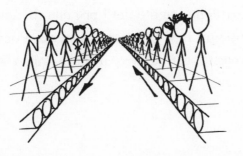

Pero si el contacto visual funciona con las cámaras web, podríamos usar una versión revisada de ChatRoulette. Si todo el mundo usara este sistema durante ocho horas al día, siete días a la semana y te

Pues sí, otro trasero.
Pero podría ser el trasero de mi alma gemela.

llevara varios segundos llegar a la conclusión de que alguien es tu alma gemela, este sistema podría —en teoría— emparejar a todo el mundo con sus almas gemelas en unas décadas (diseñé unos sencillos sistemas para calcular el tiempo que tardaría la gente en emparejarse y abandonar el grupo de solteros. Si quieres intentar hacer los cálculos de una combinación específica, deberías empezar a echar un vistazo a las permutaciones sin repetición).

En el mundo real, mucha gente tiene problemas para sacar tiempo para el amor; sólo unos pocos podrían dedicarle décadas de su vida. Por lo que quizá sólo los niños ricos se podrían permitir estar en SoulMateRoulette. Lo malo es que para ese específico 1 por ciento la mayoría de sus almas gemelas se hallaría en el otro 99 por ciento.

Si solo el 1 por ciento de los ricos usa el servicio, entonces el 1 por ciento de ese 1 por ciento encontraría a su pareja a través del sistema: 1 de cada 10,000.

El otro 99 por ciento del 1 por ciento[2] tendría el incentivo de conseguir más gente en el sistema. Puede que patrocinaran proyectos caritativos para conseguir que hubiera más

---

2 «¡Somos el 0.99 por ciento!».

ordenadores en el resto del mundo: una mezcla entre Un Portátil por Niño (OLPC son sus siglas en inglés) y OkCupid. Las profesiones como cajero u oficial de policía en Times Square se volverían muy apreciadas por el contacto visual potencial que conllevan. La gente iría en manada a las ciudades y los lugares públicos para encontrar el amor, que es lo que hace ahora.

Pero incluso si algunos pasaran años en SoulMateRoulette, otros consiguieran trabajos en los que hubiera un constante contacto visual con extraños y el resto simplemente esperara tener buena suerte, sólo una minoría de nosotros encontraría el amor verdadero. El resto no tendría esa fortuna.

Debido al estrés y la presión, algunas personas fingirían. Querrían unirse al club de los afortunados, por lo que quedarían con otra persona y fingirían haber encontrado a su alma gemela. Se casarían, esconderían los problemas de su relación y lucharían para ponerles buena cara a sus amigos y a su familia.

Un mundo de almas gemelas al azar sería muy solitario. Esperemos que no vivamos uno así.

Puntero láser

P. Si todas las personas de la Tierra apuntaran a la Luna con un puntero láser al mismo tiempo, ¿cambiaría de color?

Peter Lipowicz

R. No, si utilizáramos punteros láser normales.

Lo primero que hay que considerar es que no todo el mundo puede ver la Luna al mismo tiempo. Podríamos reunirlos a todos en un mismo lugar, pero mejor escojamos un momento en el que la Luna sea visible para el mayor número posible de personas. Como el 75 por ciento de la población mundial vive entre los 0°E y los 120°E, deberíamos intentarlo cuando la Luna se encuentre en algún lugar sobre el mar Arábigo.

Podríamos tratar de iluminar una luna nueva o una luna llena. La luna nueva es más oscura, lo que hace que nuestros láseres se puedan ser ver de forma más fácil. Pero la luna nueva es un blanco más complicado, porque es visible principalmente durante el día, lo que echa a perder el efecto.

Escojamos una luna menguante, así podemos comparar el efecto de nuestros láseres en el lado oscuro y en el claro.

Aquí está nuestro objetivo.

El típico puntero láser es de unos 5 miliwatts y uno bueno podría tener un haz lo bastante estrecho como para dar en la Luna, aunque se extendería sobre una gran fracción de su superficie cuando lo hiciera. La atmósfera distorsionaría un poco el haz y absorbería algo, pero la mayor parte de la luz lo conseguiría.

Supongamos que todo el mundo tiene la puntería suficiente como para dar en la Luna, pero no más que eso, y la luz se extiende uniformemente por la superficie.

Media hora después de la media noche (GMT), todo el mundo apunta y pulsa el botón.

Esto es lo que ha pasado:

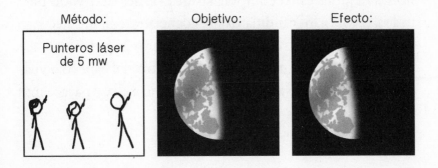

Pues qué decepción.

Pero tiene sentido. La luz solar baña la Luna con un poco más de un kilovatio de energía por metro cuadrado. Como el área transversal de la Luna es de aproximadamente 1.013 metros cuadrados, está bañada por unos 1,060 vatios de luz solar (10 petawatts o 2 megawatts por persona), eclipsando totalmente los 5 milivatios de los punteros láser. Hay variables de rendimiento en cada parte de este sistema, pero ninguna de ellas altera esa ecuación básica.

¿Y si probáramos
con más potencia?

Un láser de 1 vatio es algo extremadamente peligroso. No sólo tiene la potencia suficiente como para dejarte ciego, puede quemarte la piel e incendiar cosas. Obviamente, su venta al público no es legal en Estados Unidos.

¡Era broma! Puedes conseguir uno por 300 dólares. Simplemente busca «láser de mano de 1 watt».

Entonces, supongamos que nos gastamos esos dos billones de dólares en comprar láseres verdes de 1 vatio para todos. (Nota a los candidatos presidenciales: con una decisión así os ganaríais mi voto). Además de ser más potente, la luz de láser verde está más próxima al centro del espectro visible, de manera que el ojo es más sensible a ella y parece más brillante.

Aquí está el efecto:

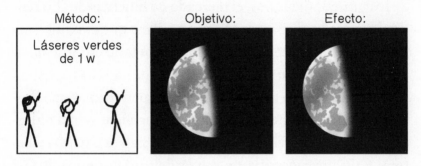

Método: Objetivo: Efecto:

Láseres verdes
de 1 w

Maldita sea.

Los punteros láser que estamos utilizando emiten unos 150 lúmenes de luz (más que la mayoría de las linternas) en un haz de 5 minutos de arco de ancho. Eso incide en la superficie de la Luna con aproximadamente 0.5 lux de iluminación, comparado con unos 130,000 lux procedentes del Sol. (Incluso si apuntáramos todos con total precisión, el resultado sería sólo media docena de lux sobre aproximadamente un 10 por ciento de la faz de la Luna).

En comparación, la luna llena ilumina la superficie de la Tierra con aproximadamente 1 lux de iluminación, lo que significa que nuestros láseres no sólo serían demasiado débiles para verse desde la Tierra, sino que, si estuvieras en la Luna, la luz de los láseres en el paisaje lunar sería más tenue que la luz de la luna para nosotros en la Tierra.

¿Y si probáramos
con más potencia?

Con los avances en baterías de litio y tecnología LED de los últimos diez años, el mercado de linternas de alto rendimiento se ha disparado. Pero está claro que con linternas no va a ser suficiente. Así que saltémonos todo eso y démosle a todo el mundo un Nightsun.

Puede que no te suene el nombre, pero es más que probable que hayas visto alguno en funcionamiento: es el reflector que llevan los helicópteros de la policía y la Guardia Costera. Con una potencia de salida del orden de los 50,000 lúmenes, es capaz de conseguir que un trozo de terreno pase de la noche al día.

El haz tiene un ancho de varios grados, así que necesitaríamos lentes de enfoque para reducirlo al medio grado necesario para impactar en la Luna.

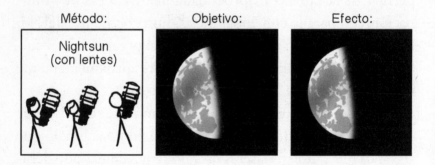

Cuesta verlo, pero ¡estamos progresando! ¡El haz está proporcionando 20 lux de iluminación, que superan en brillo a la luz ambiental de la mitad oscura por un factor de dos! Sin embargo, es bastante difícil de ver y es cierto que no ha afectado a la parte clara.

¿Y si probáramos
con más potencia?

Cambiemos los Nightsun por un sistema de proyección
IMAX, un par de lámparas de 30,000 watts refrigeradas por
agua con una potencia de salida conjunta de más de 1,000,000
de lúmenes.

Método: Objetivo: Efecto:

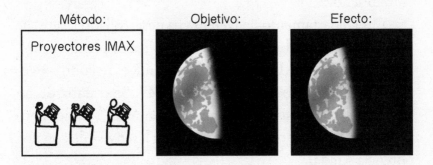

Proyectores IMAX

Aún apenas es visible.

En la parte más alta del Luxor Hotel, de Las Vegas, se
encuentra el foco más potente del mundo. Vamos a dar uno
a cada uno.

Ah, y añadamos un sistema de lentes para que todo el
haz se concentre en la Luna.

Método: Objetivo: Efecto:

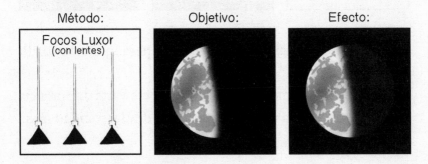

Focos Luxor
(con lentes)

¡Nuestra luz es claramente visible, hemos conseguido nuestro objetivo! Buen trabajo, equipo.

¿Y si probáramos con más potencia?

Bueno...

El Departamento de Defensa ha desarrollado láseres de megavatio, diseñados para destruir misiles en pleno vuelo.

El Boeing YAL-1 era un láser químico de yodo oxigenado de megavatio instalado en un 747. Se trataba de un láser infrarrojo, así que no era directamente visible, pero podemos imaginar que construimos un láser visible con una potencia similar.

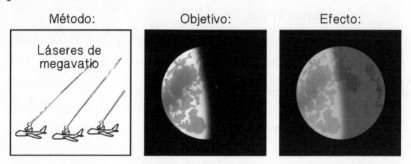

Método: | Objetivo: | Efecto:

Láseres de megavatio

¡Por fin nos las hemos arreglado para igualar el brillo del Sol!

También estamos consumiendo 5 petawatts de potencia, que es el doble de la media de consumo de electricidad mundial.

¿Y si probáramos
con más potencia?

Bien, vamos a montar un láser de megawatt en cada metro cuadrado de la superficie de Asia. Proporcionar energía a estos 50 billones de láseres consumiría las reservas de petróleo de la Tierra en aproximadamente dos minutos, pero durante esos dos minutos la Luna tendría este aspecto:

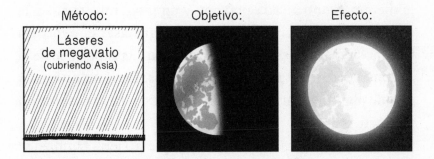

Método:	Objetivo:	Efecto:
Láseres de megavatio (cubriendo Asia)		

La Luna brillaría tanto como el sol del mediodía y al final de los dos minutos el regolito lunar se habría calentado hasta emitir un resplandor.

¿Y si probáramos
con más potencia?

Vale, avancemos aún más fuera del ámbito de lo verosímil.

El láser más potente de la Tierra es el rayo de confinamiento de la Instalación Nacional de Ignición (NIF, según sus siglas en inglés), un laboratorio de investigación sobre la fusión. Es un láser ultravioleta con una potencia de salida de 500 teravatios. Sin embargo, sólo dispara pulsos individuales que duran unos pocos nanosegundos, así que el total de energía enviada es equivalente a aproximadamente un cuarto de una taza de gasolina.

Imaginemos que de algún modo encontrásemos la forma de proporcionarle energía y dispararlo continuamente, le diéramos uno a cada persona y apuntáramos todos a la Luna. Por desgracia, el flujo de energía láser convertiría la atmósfera en plasma, prendería fuego a la superficie de la Tierra al instante y nos mataría a todos. Pero supongamos que de alguna forma los láseres atraviesan la atmósfera sin interactuar.

En estas circunstancias, resulta que la Tierra también se prendería fuego. La luz reflejada en la Luna sería cuatro mil veces más brillante que el sol del mediodía. La luz de la Luna sería lo bastante brillante como para evaporar los océanos de la Tierra por ebullición en menos de un año.

Pero olvidémonos de la Tierra, ¿qué le pasaría a la Luna?

El propio láser ejercería suficiente presión de radiación como para acelerar la Luna a aproximadamente una diezmillonésima de ge. Esta aceleración no sería perceptible a corto plazo, pero con los años sería suficiente para sacarla de la órbita de la Tierra...

... En caso de que la presión de radiación fuese la única fuerza implicada.

Unos 40 megajoules de energía son suficiente para vaporizar 1 kilogramo de roca. Suponiendo que las rocas de la Luna tengan una densidad media de unos 3 kilogramos por litro, los láseres emitirían suficiente energía para vaporizar 4 metros de lecho de roca lunar por segundo:

$$\frac{5.000 \text{ millones de personas} \times 500 \frac{\text{teravatios}}{\text{persona}}}{\pi \times \text{radio de la Luna}^2} \times \frac{1 \text{ kilogramo}}{40 \text{ megajoules}} \times \frac{1 \text{ litro}}{3 \text{ kilogramos}} \approx 4 \frac{4 \text{ metros}}{\text{segundo}}$$

Sin embargo, la roca lunar en realidad no se evaporaría tan rápidamente por una razón que es muy importante.

Cuando un trozo de roca se vaporiza no desaparece sin más. La capa de la superficie de la Luna se convierte en plasma, pero ese plasma seguiría bloqueando el camino del haz.

Nuestro láser seguiría vertiendo más y más energía en el plasma y el plasma se calentaría cada vez más. Las partículas rebotarían unas con otras, se estrellarían contra la superficie de la Luna y finalmente saltarían al espacio a una velocidad descomunal.

Este flujo de material convierte eficazmente toda la superficie de la Luna en el motor de un cohete, además de uno sorprendentemente eficaz. Utilizar láseres para despegar material de la superficie de esta forma se denomina ablación láser y resulta ser un método prometedor para la propulsión espacial.

La Luna es enorme, sin embargo, de una forma lenta pero segura, el torrente de plasma de roca comenzaría a empujarla y a separarla de la Tierra. (El torrente también limpiaría la faz de la Tierra y destruiría los láseres, pero estamos imaginando que son invulnerables). El plasma también despegaría físicamente la superficie lunar, una complicada interacción que es difícil de explicar.

Pero si calculamos a ojo que las partículas del plasma salen a una velocidad media de 500 kilómetros por segundo, entonces harían falta unos cuantos meses para que la Luna se alejara lo suficiente para quedar fuera del alcance de nuestro láser. Mantendría la mayoría de su masa, pero escaparía de la gravedad de la Tierra y entraría en una órbita asimétrica alrededor del Sol.

Estrictamente, la Luna no se convertiría en un nuevo planeta, según la definición de «planeta» de la Unión Astronómica Internacional. Dado que su nueva órbita se cruzaría con la de la Tierra, se consideraría un planeta enano, como Plutón. Esta órbita cruzada llevaría a una perturbación orbital periódica impredecible. Al final, acabaría catapultada hacia el Sol, lanzada fuera del sistema solar o estrellada contra uno de los planetas (muy posiblemente el nuestro). Creo que estaremos de acuerdo en que, en ese caso, nos lo mereceríamos.

Resultado:

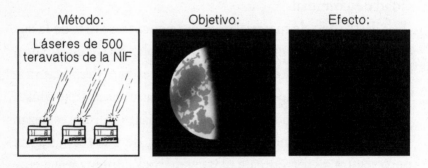

Finalmente, esta sería suficiente potencia.

Pared periódica de los elementos

P. ¿Qué pasaría si construyeras una tabla periódica con ladrillos en forma de cubo en la que cada ladrillo estuviera hecho con el elemento correspondiente?

ANDY CONNOLLY

R. HAY GENTE QUE COLECCIONA elementos. Estos coleccionistas intentan reunir muestras físicas del mayor número posible de elementos en expositores con forma de tabla periódica[1].

De los 118 elementos, 30 de ellos (como el helio, el carbono, el aluminio y el hierro) se pueden comprar en su forma pura en tiendas minoristas locales. Otra docena se pueden conseguir desmontando cosas (puedes encontrar pequeñas muestras de americio en los detectores de humo). Otros se pueden pedir por Internet.

En resumen, es posible conseguir muestras de unos 80 elementos, de 90 si estás dispuesto a correr algunos riesgos de salud, seguridad y antecedentes penales. El resto son demasiado radioactivos o efímeros para obtener más de unos cuantos átomos a la vez.

---

1 Piensa en los elementos como si fueran Pokémon peligrosos, radioactivos y de corta vida.

Pero ¿y si lo hicieras?

La tabla periódica de los elementos tiene siete filas[2].

- Podrías colocar las dos filas de arriba sin muchos problemas.
- La tercera fila te quemaría con fuego.
- La cuarta fila te mataría con humo tóxico.
- La quinta fila haría todo eso y *además* te daría una leve dosis de radiación.
- La sexta fila explotaría violentamente y destruiría el edificio en una nube de polvo y fuego radioactivo y venenoso.
- No construyas la séptima fila.

Empezaremos por arriba. La primera fila es sencilla, aunque aburrida:

---

2 Para cuando leas esto puede que se haya añadido una octava fila. Y si lo estás leyendo en el año 2038, la tabla periódica tiene diez filas, pero cualquier discusión o mención a este tema está prohibida por los robots, dueños del universo.

El cubo de hidrógeno se elevaría hacia arriba y se dispersaría, como un globo sin globo. Lo mismo ocurriría con el helio.

La segunda fila es más complicada.

El litio se deterioraría inmediatamente. El berilio es bastante tóxico, así que tendrías que manipularlo con cuidado y evitar que el polvo saliese al aire.

El oxígeno y el nitrógeno vagan a la deriva y se dispersan lentamente. El neón se va flotando[3].

El flúor, un gas de color amarillo pálido, se extendería por el suelo. El flúor es el elemento más reactivo y corrosivo de la tabla periódica. Casi cualquier sustancia expuesta a flúor puro arderá espontáneamente.

———————

3 Esto suponiendo que estén en forma diatómica (por ejemplo, O_2 y N_2). Si el cubo está en forma de átomos individuales, se combinarán al instante, calentándose miles de grados en el proceso.

Hablé con el químico orgánico Derek Lowe sobre este supuesto[4]. Me dijo que el flúor no reaccionaría con el neón y «observaría una especie de tregua armada con el cloro, pero con todos los demás, ¡Dios!». Incluso con las últimas filas el flúor causaría problemas al extenderse y, si entrara en contacto con la humedad, formaría ácido fluorhídrico corrosivo.

Si respiraras sólo una minúscula cantidad, dañaría gravemente o te destruiría la nariz, los pulmones, la boca, los ojos y finalmente el resto de tu cuerpo. Sin lugar a dudas, necesitarías una máscara de gas. Sin embargo, ten en cuenta que el flúor corroe muchos de los materiales que se utilizan para hacer máscaras, así que tendrías que probarla antes. ¡Pásatelo bien!

¡Vayamos a por la tercera fila!

La mitad de estos datos son del libro CRC Handbook of Chemistry and Physics *y la otra mitad del programa de televisión* Look Around You.

El más problemático aquí es el fósforo. El fósforo puro se presenta de varias formas. El fósforo rojo es razonablemente seguro a la hora de manipularlo. El fósforo blanco se

---

4 Lowe es el autor del magnífico blog de investigación sobre fármacos *In the Pipeline*.

prende espontáneamente al contacto con el aire. Se quema con llamas rojas difíciles de extinguir y es, además, bastante venenoso[5].

El azufre no sería un problema en circunstancias normales; en el peor de los casos, olería mal. Sin embargo, nuestro azufre está atrapado entre fósforo ardiendo a la izquierda… y flúor y cloro a la derecha. Cuando se expone a gas de flúor puro, el azufre (como muchas otras sustancias) arde.

El argón inerte pesa más que el aire, de manera que sólo se extendería hacia fuera y cubriría el suelo. No te preocupes por el argón, tienes mayores problemas que ese.

El fuego produciría todo tipo de terroríficas sustancias químicas con nombres como hexafluoruro de azufre. Si estuvieras haciendo esto en un espacio cerrado, te asfixiarías por el humo tóxico y puede ser que el edificio se incendiase.

Y solo vamos por la tercera fila. ¡Pasemos a la cuarta!

«Arsénico» suena aterrador. Da miedo por una buena razón: es tóxico para prácticamente cualquier forma de vida compleja.

---

5 Una propiedad que ha llevado a su polémica utilización en proyectiles de artillería incendiaria.

A veces sentir tanto pánico por las sustancias químicas que dan miedo es desproporcionado; hay trazas de arsénico natural en todos nuestros alimentos y en el agua, y lo llevamos bien. Esta no es una de esas veces.

El fósforo ardiendo (al que ahora se ha unido el potasio, que es igual de propenso a la combustión espontánea) podría encender el arsénico, lo que liberaría grandes cantidades de trióxido de arsénico. Esta sustancia es bastante tóxica. No inspires.

Esta fila también produciría unos olores espantosos. El selenio y el bromo reaccionarían enérgicamente y Lowe dice que el selenio «puede hacer que el azufre huela a Chanel».

Si el aluminio sobreviviera al fuego, le ocurriría algo muy extraño. El galio derretido debajo de éste calaría en el aluminio, alteraría su estructura y haría que se volviera tan blando y débil como el papel mojado.[6]

El azufre ardiendo se derramaría en el bromo. El bromo es líquido a temperatura ambiente, propiedad que solo comparte con otro elemento, el mercurio. También es una sustancia bastante desagradable. La variedad de compuestos tóxicos que produciría este fuego es, llegados a este punto, incalculablemente extensa. Sin embargo, si hicieras este experimento desde una distancia de seguridad, puede que sobrevivieras.

La quinta fila contiene algo interesante: tecnecio-99, nuestro primer ladrillo radioactivo.

El tecnecio es el elemento con el número más bajo que no tiene isótopos estables. La dosis de un ladrillo de 1 litro

---

6 Busca en YouTube *gallium infiltration* (filtración de galio) para ver lo raro que es.

de este metal no es suficiente para ser letal en nuestro experimento, pero sigue siendo considerable. Si te pasaras todo el día llevándolo de sombrero o lo respiraras en forma de polvo, sin duda podría matarte.

No es un sombrero

Dejando a un lado el tecnecio, la quinta fila sería muy parecida a la cuarta.

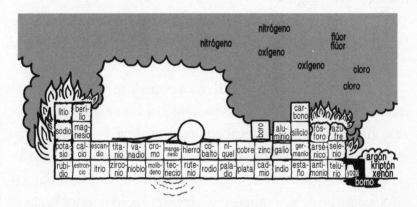

¡A por la sexta fila! No importa lo cuidadoso que seas, la sexta fila definitivamente te mataría.

Esta versión de la tabla periódica es un poco más ancha de lo que puedes estar acostumbrado, ya que estamos insertando los elementos lantánidos y actínidos en las filas 6 y 7. (Estos elementos suelen mostrarse separados de la tabla principal para evitar representarla demasiado ancha).

La sexta fila de la tabla periódica contiene varios elementos radioactivos, incluidos el prometio, el polonio[7], el ástato y el radón. El ástato es el malo[8].

No sabemos el aspecto que tiene el ástato, porque, como dijo Lowe: «Esa cosa simplemente no quiere existir». Es tan radioactivo (con una semivida medida en horas) que cualquier trozo grande se vaporizaría rápidamente por su propio calor. Los químicos sospechan que tiene la superficie negra, pero nadie lo sabe seguro.

No existe una hoja de datos de seguridad del ástato. Si la hubiera, sólo aparecería la palabra «no» garabateada una y otra vez con sangre carbonizada.

Nuestro cubo contendría, brevemente, más ástato del que nunca ha sido sintetizado. Digo «brevemente» porque se convertiría de inmediato en una columna de gas sobrecalentado. Sólo el calor provocaría quemaduras de tercer grado a cualquiera que estuviese cerca y el edificio resultaría demolido. La nube de gas caliente se elevaría rápidamente hasta el cielo desprendiendo calor y radiación.

La explosión sería del tamaño justo para maximizar la cantidad de papeleo a la que se enfrentaría tu laboratorio. Si la explosión fuera más pequeña, potencialmente podrías encubrirla. Si fuera más grande, no quedaría nadie en la ciudad a quien presentar los papeles.

Polvo y desechos cubiertos de ástato, polonio y otros productos radioactivos lloverían desde la nube y dejarían el vecindario que se encontrara a favor del viento totalmente inhabitable.

---

7 En 2006, un paraguas con la punta de polonio-210 fue el arma utilizada para asesinar al exagente de la KGB Alexander Litvinenko.

8 El radón es el más afable.

Los niveles de radiación serían increíblemente altos. Teniendo en cuenta que se necesitan unos cuantos cientos de milisegundos para parpadear, recibirías una dosis letal de radiación, literalmente, en un abrir y cerrar de ojos.

Morirías de lo que podríamos llamar «envenenamiento por radiación extremadamente aguda», es decir, te freirías.

La séptima fila sería mucho peor.

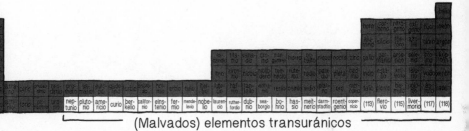

(Malvados) elementos transuránicos

Hay un montón de elementos raros en la parte inferior de la tabla periódica llamados elementos transuránicos. Durante mucho tiempo, muchos de ellos han tenido nombres de referencia como «unununio», pero gradualmente se les han ido asignando nombres permanentes.

Aunque lo cierto es que no hay prisa, porque la mayoría de estos elementos son tan inestables que sólo se pueden crear en aceleradores de partículas y no existen más que unos pocos minutos. Si tuvieras 100,000 átomos de livermorio (elemento 116), después de un segundo te quedaría uno y unos cuantos milisegundos más tarde ese uno también se habría desvanecido.

Por desgracia para nuestro proyecto, los elementos transuránicos no desaparecen sin más. Se descomponen y se convierten en radioactividad. Y la mayoría de ellos se convierten en cosas que también se descomponen. Un cubo de cualquiera de los elementos con el número más alto se descompondría en segundos y liberaría una tremenda cantidad de energía.

El resultado no sería algo parecido a una explosión nuclear, sería una explosión nuclear. Sin embargo, a diferencia de una bomba de fisión, no habría una reacción en cadena, sólo una reacción. Pasaría todo al mismo tiempo.

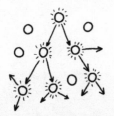

Reacción en cadena

Nuestra situación

El flujo de energía te convertiría instantáneamente (a ti y al resto de la tabla periódica) en plasma. La explosión sería similar a la de una detonación nuclear de un tamaño medio, pero la lluvia radiactiva sería mucho, mucho peor, una verdadera ensalada de todos los elementos de la tabla periódica convirtiéndose en otra cosa lo más rápido posible.

Una nube en forma de hongo se elevaría sobre la ciudad. La parte superior de la columna de humo alcanzaría la estratosfera, impulsada por su propio calor. Si estuvieras en una zona poblada, el número de víctimas inmediatas por la explosión sería impactante, pero la contaminación a largo plazo de la lluvia radiactiva sería aún peor.

La lluvia radiactiva no sería una lluvia radiactiva normal de toda la vida[9], sería como una bomba nuclear que no deja-

---

9 Ya sabes, la típica que nos da igual.

ra de explotar. Los desechos se extenderían por todo el mundo y liberarían miles de veces más radioactividad que el desastre de Chernóbil. Regiones enteras quedarían devastadas; la limpieza duraría siglos.

Aunque es cierto que coleccionar cosas es divertido, cuando se trata de elementos químicos, no te conviene conseguirlos todos.

Todos a saltar

P. ¿Qué pasaría si todas las personas de la Tierra se acercaran lo máximo posible las unas a las otras, saltaran y volvieran a caer al suelo todas al mismo tiempo?

THOMAS BENNETT (y muchos otros)

R. ESTA ES UNA DE LAS PREGUNTAS más frecuentes de las recibidas en mi página web. Ya se ha estudiado antes, entre otros por *ScienceBlogs* y la columna de periódico *The Straight Dope*. Ellos cubren bastante bien la cinemática. Sin embargo, no cuentan toda la historia.

Fijémonos mejor.

Al principio del supuesto, toda la población de la Tierra ha sido transportada por arte de magia a un mismo lugar.

Esta multitud ocupa un espacio del tamaño de Rhode Island. Pero no hay por qué utilizar la vaga expresión «un espacio del tamaño de Rhode Island». Este es nuestro supuesto, así que podemos ser específicos. Están todos en Rhode Island.

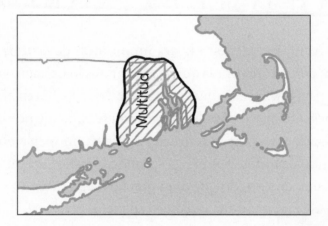

Justo al mediodía, todos saltan.

Como ya se ha analizado en otras ocasiones, no afecta verdaderamente al planeta. La Tierra nos gana en peso por un factor de más de 10 billones. De media, los humanos podemos saltar en vertical quizá medio metro en un buen día. Incluso si la Tierra fuese rígida y respondiese al instante, sólo se desplazaría hacia abajo una distancia menor que la anchura de un átomo.

Después, todos vuelven a pisar el suelo.

Técnicamente, esto libera un montón de energía en la Tierra, pero el área por la que se extiende es lo bastante grande como para que no haga mucho más que dejar huellas en muchos jardines. Un ligero impulso de presión se extiende por la corteza continental norteamericana y se disipa sin apenas efectos. El sonido de todos esos pies golpeando el suelo crea un fuerte e interminable rugido que dura muchos segundos.

Al final, el aire se queda en silencio.

Pasan los segundos. Todos miran a su alrededor. Hay un montón de miradas incómodas. Alguien tose.

Un teléfono móvil sale de un bolsillo. En cuestión de segundos, los otros 5,000 millones de teléfonos hacen lo mismo. Todos ellos (incluso los que son compatibles con las antenas de la región) muestran la misma versión de «sin cobertura». Las redes de telefonía se han colapsado debido a esta sobrecarga sin precedentes. Fuera de Rhode Island, las maquinarias desatendidas comienzan a pararse en seco.

Por el aeropuerto T. F. Green de Warwick, de Rhode Island, pasan varios miles de pasajeros al día. Suponiendo que lo tengan todo organizado (incluido el mandar misiones de abastecimiento para conseguir combustible), podrían funcionar al 500 por ciento de su capacidad durante años sin que se notara la diferencia en la multitud.

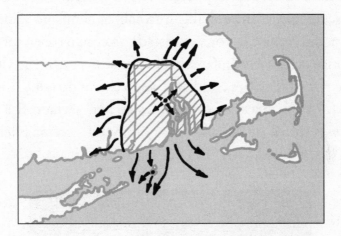

Incorporar todos los aeropuertos cercanos no cambia mucho la ecuación. Ni tampoco añadir la red de ferrocarril regional. Multitudes se suben a bordo de buques portacontenedores en el puerto de aguas profundas de Providence, pero conseguir suficiente comida y agua para un largo viaje supone todo un desafío.

Medio millón de coches de Rhode Island son requisados. Minutos más tarde, la I-95, la I-195 y la I-295 se convierten en los lugares con el mayor atasco de tráfico de la historia del planeta. La mayoría de los coches quedan sumergidos bajo las multitudes, pero unos cuantos afortunados salen y se ponen a deambular por la red de carreteras abandonada.

Algunos consiguen pasar de Nueva York o Boston antes de quedarse sin combustible. Como probablemente en este punto la electricidad se haya cortado, antes que buscar una gasolinera que funcione, es más fácil directamente abandonar el coche y robar otro. ¿Quién te lo va a impedir? Todos los policías están en Rhode Island.

El borde de la multitud se extiende hacia fuera en dirección a Massachusetts y Connecticut. Cuando dos personas se encuentran es improbable que hablen el mismo idioma y casi nadie conoce la zona. El estado se convierte en un caótico mosaico de jerarquías sociales que se fusionan y se vienen abajo. La violencia es cotidiana. Todo el mundo tiene hambre y sed. Las tiendas de comestibles se han vaciado. El agua dulce es difícil de encontrar y no hay un sistema eficiente para distribuirla.

En cuestión de semanas, Rhode Island es el cementerio de miles de millones.

Los supervivientes se dispersan por el mundo y luchan por construir una nueva civilización sobre las prístinas ruinas de la antigua. Nuestra especie aguanta como puede, pero la población se ha visto considerablemente reducida. La órbita de la Tierra sigue completamente inalterada, gira exactamente igual que antes del salto de toda nuestra especie.

Pero por lo menos ahora lo sabemos.

Un mol de topos

P. ¿Qué pasaría si reunieras un mol (unidad de medida) de topos (esas pequeñas criaturas peludas) en un mismo lugar?

SEAN RICE

R. LAS COSAS SE PONEN un poco feas.

Primero, algunas definiciones.

Un mol es una unidad. Pero no es la típica unidad. En realidad es sólo un número, como «decena» o «billón». Si tienes un mol de algo, significa que tienes 602,214,129,000,000,000,000,000 de ellos (normalmente se escribe $6,022 \times 10^{23}$). Es un número tan alto[1] porque se utiliza para contar moléculas, que hay un montón.

Hay demasiadas moléculas.

---

1 Un mol se aproxima al número de átomos que hay en un gramo de hidrógeno. También es, por casualidad, una estimación aproximada del número de granos de arena de la tierra.

Un topo es un tipo de mamífero fosorial. Hay distintos tipos de topos y algunos de ellos son verdaderamente horripilantes[2].

Entonces, ¿cuántos topos sería un mol de topos, 602,214,129,000,000,000,000,000 animales?

Primero, empecemos con aproximaciones a ojo. Este es un ejemplo de lo que se me pasa por la cabeza antes de ni siquiera tomar la calculadora, cuando sólo intento hacerme una idea de las cantidades, el tipo de cálculo donde 10. 1 y 0.1 se aproximan lo suficiente como para que podamos considerarlos iguales: un topo es lo bastante pequeño para que yo pueda agarrarlo y tirarlo. Todo lo que puedo tirar pesa 1 libra. Una libra es 1 kilogramo. El número 602,214,129,000,000,000,000,000 parece el doble de largo que un billón, lo que significa que es alrededor de un billón de billones. Da la casualidad de que recuerdo que un billón de billones de kilogramos es lo que pesa un planeta.

---

2 *http://en.wikipedia.org/wiki/File:Condylura.jpg*

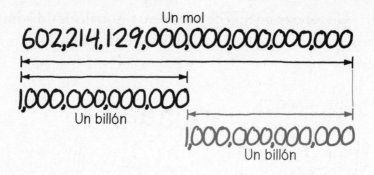

Un mol

602,214,129,000,000,000,000,000

1,000,000,000,000
Un billón

1,000,000,000,000
Un billón

... Si alguien pregunta, yo no he dicho que estuviera bien hacer cálculos así.

Con esto es suficiente para saber que estamos hablando de un montón de topos en la escala de un planeta. Es sólo una estimación aproximada, ya que podría estar equivocada por un factor de miles en cualquier dirección.

Hagamos mejor los números.

Un topo norteamericano (*Scalopus aquaticus*) pesa unos 75 gramos, lo que significa que un mol de topos pesa:

$$(6{,}022 \times 10^{23}) \times 75 \text{ g} \approx 4{,}52 \times 10^{22} \text{ kg}$$

Eso es un poco más que la mitad de la masa de nuestra Luna.

Los mamíferos son en gran parte agua. Un kilogramo de agua ocupa un litro de volumen, de manera que si los topos pesan 4.52×10^{22} kilogramos ocupan aproximadamente 4.52×10^{22} litros de volumen. Te habrás dado cuenta de que estamos dejando a un lado los espacios entre los topos. En un momento verás por qué.

La raíz cúbica de 4.52×10^{22} litros es 3.562 kilómetros, lo que significa que estamos hablando de una esfera con un radio de 2,210 kilómetros o un cubo de 2,213 millas cada lado[3].

Si soltaran a estos topos en la superficie de la Tierra, la llenarían hasta 80 kilómetros, justo hasta el (antiguo) borde del espacio:

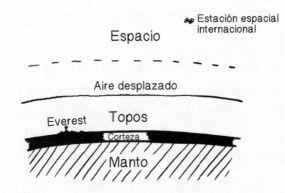

Este asfixiante océano de carne a presión aniquilaría casi toda la vida del planeta, lo que podría, para el horror de Reddit, amenazar la integridad del sistema DNS. Así que hacer esto en la Tierra queda definitivamente descartado.

Mejor reunamos los topos en el espacio interplanetario. La atracción gravitatoria les haría formar una esfera. La carne no se comprime muy bien, de modo que sólo sufriría una pizca de contracción gravitatoria y acabaríamos con un planeta topo ligeramente más grande que la Luna.

---

3 Es una feliz coincidencia de la que nunca me había dado cuenta: una milla cúbica es casi exactamente $4/3\pi$ kilómetros cúbicos, con lo que una esfera con un radio de x kilómetros tiene el mismo volumen que un cubo cuyos lados miden x millas cada uno.

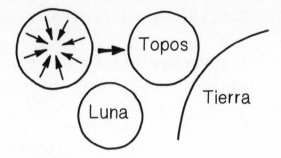

Los topos tendrían una gravedad en la superficie de aproximadamente un dieciseisavo de la de la Tierra, similar a la de Plutón. El planeta empezaría uniformemente templado, probablemente un poco por encima de la temperatura ambiente, y la contracción gravitatoria calentaría las profundidades interiores unos cuantos grados.

Pero aquí es donde se pone rara la cosa.

El planeta topo sería una gigantesca esfera de carne. Tendría un montón de energía latente (hay suficientes calorías en el planeta topo como para abastecer a la población actual de la Tierra durante 30,000 millones de años). Normalmente, cuando la materia orgánica se descompone, libera mucha de esa energía en forma de calor. Pero a lo largo de la mayor parte del interior del planeta, la presión sería de más de 100 megapascales, lo bastante alta para matar todas las bacterias y esterilizar los restos de topos, sin dejar ningún microorganismo que pueda descomponer el tejido de los topos.

Más cerca de la superficie, donde la presión sería menor, habría otro obstáculo para la descomposición: el interior del planeta topo sería bajo en oxígeno. Sin oxígeno, la descomposición habitual no podría darse y las únicas bacterias que serían capaces de descomponer a los topos serían aquellas que no necesitan oxígeno. Aunque ineficiente, esta descomposición anaeróbica puede liberar un poco de calor. Si continuase libremente, calentaría el planeta hasta el punto de ebullición.

Pero la descomposición sería autolimitante. Pocas bacterias pueden sobrevivir a temperaturas por encima de los 60ºC, de manera que a medida que la temperatura aumentase las bacterias desaparecerían y la descomposición se haría más lenta. A lo largo del planeta, los cadáveres de los topos se acabarían convirtiendo en querógeno, una papilla de materia orgánica que, si el planeta se calentase más, con el tiempo formaría petróleo.

La superficie externa del planeta irradiaría calor al espacio y se congelaría. Como los topos forman literalmente un abrigo de piel, al congelarse aislarían el interior del planeta y frenarían la pérdida de calor hacia el espacio. Sin embargo, el flujo de calor en el interior líquido estaría dominado por la convección. Columnas de carne caliente y burbujas de gases atrapados como el metano, además del aire de los pulmones de los topos fallecidos, se abrirían paso periódicamente a través de la corteza de topos y entrarían en erupción como un volcán desde la superficie, un géiser de muerte arrojando cuerpos de topos fuera del planeta.

Al final, tras siglos o milenios de agitación, el planeta se calmaría y se enfriaría lo suficiente para empezar a congelarse por completo. El interior más profundo estaría sometido a una presión tan alta que, mientras se enfriara, el agua se cristalizaría en exóticas formas de hielo tales como hielo III y hielo V, y con el tiempo hielo II y hielo IX[4].

---

4 Sin relación.

En resumidas cuentas, es una imagen bastante deprimente. Afortunadamente, existe un enfoque mejor.

No tengo cifras fiables de la población global de topos (o pequeña biomasa mamífera en general), pero lo calcularemos a ojo y estimaremos que hay al menos unas cuantas decenas de ratones, ratas, topillos y otros pequeños mamíferos por cada humano.

Puede haber 1,000 millones de planetas habitables en nuestra galaxia. Si los colonizáramos, seguro que nos llevaríamos a los ratones y las ratas con nosotros. Si sólo 1 de cada 100 estuviera habitado por pequeños mamíferos en números similares a los de la Tierra, después de unos cuantos millones de años (no es mucho en tiempo evolutivo) el número total que habría vivido alguna vez superaría a la constante de Avogadro.

Si quieres un mol de topos, construye una nave espacial.

Secadora

P. ¿Qué pasaría si metiésemos una secadora encendida con suministro eléctrico continuo en una caja hermética de 1 x 1 x 1 metros?

DRY PARATROOPA

R. UNA SECADORA TÍPICA consume 1,875 watts de potencia.

Todos esos 1,875 watts tienen que ir a alguna parte. Independientemente de lo que pase dentro de la caja, si está utilizando 1,875 de potencia, al final saldrán 1,875 watts de calor.

Esto se cumple con cualquier aparato que utilice electricidad y es bueno saberlo. Por ejemplo, la gente se preocupa por dejar cargadores desconectados enchufados a la pared por miedo a que gasten electricidad. ¿Tienen razón? Un análisis del flujo de calor nos proporciona una sencilla norma general: si un cargador sin usar no está caliente al tacto, está usando menos de un céntimo de electricidad al día. En el caso de un pequeño cargador de un *smartphone*, si no está caliente al tacto, está utilizando menos de un céntimo al año. Esto se cumple con casi cualquier aparato eléctrico[1].

Pero volvamos a la caja.

---

1 Aunque no necesariamente aquellos enchufados a un segundo aparato. Si un cargador está conectado a algo, como un *smartphone* o un portátil, la electricidad puede estar fluyendo desde la pared a través del cargador hasta el aparato.

El calor de la secadora irá a parar a la caja. Si suponemos que la secadora es indestructible, el interior de la caja seguirá calentándose hasta que la superficie externa alcance unos 60°C (140°F). A esa temperatura, la caja estará perdiendo calor hacia el exterior a la misma velocidad a la que la secadora lo está añadiendo en el interior y el sistema estará en equilibrio.

¡Esta caja ruidosa está calientita! Ahora somos amigos.

¡Está más calientita que mi cama! Es mi nueva cama.

La temperatura de equilibrio será un poco más fría si hay brisa o si la caja está sobre una superficie mojada o metálica, que conduce rápidamente el calor.

Si la caja está hecha de metal, estará lo bastante caliente como para quemarte la mano si la tocas durante más de cinco segundos. Si es de madera, probablemente puedes tocarla durante un rato, pero existe el peligro de que algunas partes de la caja en contacto con la boca de la secadora se prendan fuego.

El interior de la caja será como un horno. La temperatura que alcance dependerá del grosor de la pared de la caja; cuanto más gruesa y más aislante sea la pared, más alta será la temperatura. No haría falta una caja muy gruesa para conseguir temperaturas tan altas que quemaran la secadora.

Pero supongamos que es una secadora indestructible. Y si tenemos algo tan estupendo como una secadora indestructible, parece un desperdicio limitarlo a 1,875 watts.

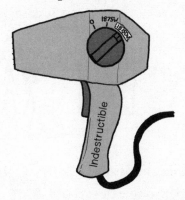

Con 18,750 watts emanando del secador, la superficie de la caja supera los 200°C (475°F), tan caliente como una sartén a fuego medio bajo.

Me pregunto hasta dónde llega este regulador.

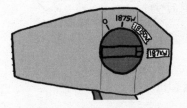

Queda una inquietante cantidad de espacio en el regulador.

La superficie de la caja ahora está a 600°C, lo suficiente para que se ponga ligeramente roja.

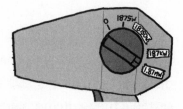

Caja ruidosa, ¡estás demasiado caliente!

Si está hecha de aluminio, el interior está empezando a derretirse. Si está hecha de plomo, el exterior está empezando a derretirse. Si está sobre un suelo de madera, la casa está en llamas. Pero no importa lo que pase a su alrededor, la secadora es indestructible.

Dos megawatts inyectados en un láser son suficientes para destruir misiles.

A 1,300°C, ahora la caja está aproximadamente a la temperatura de la lava.

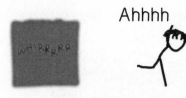

Ahhhh

Un paso más allá.

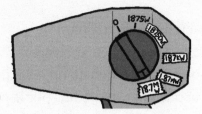

No creo que esta secadora sea reglamentario.

Ahora 18 megawatts entran en la caja.

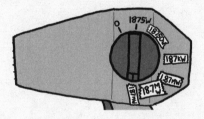

La superficie de la caja alcanza los 2,400°C. Si fuera de acero, ya se habría derretido. Si está hecha de algo como wolframio, posiblemente dure un poco más.

Sólo uno más y ya paramos.

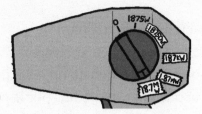

No existen muchos materiales que puedan sobrevivir en estas condiciones, así que supondremos que la caja es indestructible.

El suelo es de lava.

Por desgracia, el suelo no lo es.

Antes de que pueda quemar el suelo y atravesarlo, alguien tira un globo de agua debajo de la caja. El estallido de vapor hace que la caja salga despedida por la puerta principal hasta la acera.[2]

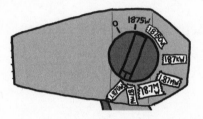

Estamos a 1,875 gigawatts (lo de parar era mentira). Según *Volver al futuro*, la secadora ahora tiene la suficiente potencia como para viajar en el tiempo.

La caja está deslumbrantemente brillante y no te puedes acercar a más de unos cuantos cientos de metros debido al intenso calor. Se encuentra en mitad de un creciente charco de lava. Cualquier cosa a una distancia de 50-100 metros se

---

2 Nota: si alguna vez estás atrapado conmigo en un edificio en llamas y se me ocurre una idea para que escapemos, probablemente lo mejor será no hacerme caso.

prende fuego. Una columna de calor y humo se eleva en el aire. Explosiones periódicas de gas por debajo de la caja la lanzan por los aires y provoca incendios y forma nuevos charcos de lava allá donde cae.

Seguimos girando el regulador.

A 18.7 gigawatts, las condiciones alrededor de la caja son similares a las de una plataforma de despegue en el lanzamiento de un transbordador espacial. La caja empieza a ser lanzada de un lugar a otro por las potentes corrientes de aire ascendente que está creando.

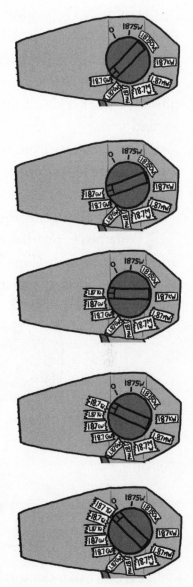

En 1914, H. G. Wells imaginó artilugios como éste en su libro *La liberación mundial*. Escribió sobre un tipo de bomba que, en vez de explotar una vez, explotaba continuamente, un infierno a fuego lento que provocaba fuegos inextinguibles en el corazón de las ciudades. La historia fue un siniestro presagio del desarrollo, treinta años después, de las armas nucleares.

Ahora la caja está volando por los aires. Cada vez que se acerca al suelo, sobrecalienta la superficie y la columna de aire en expansión la vuelve a arrojar al cielo.

La efusión de 1,875 terawatts es como una pila de TNT del tamaño de una casa explotando a cada segundo.

Un reguero de tormentas de fuego (gigantescas conflagraciones que se mantienen a sí mismas creando sus propios regímenes de vientos) serpentea a lo largo del paisaje.

Un nuevo hito: ahora la secadora está, aunque resulte increíble, consumiendo más electricidad que todos los demás aparatos eléctricos del planeta juntos.

La caja, que flota muy encima de la superficie, está expulsando la energía equivalente a tres pruebas Trinity por segundo.

Llegados a este punto, la pauta es obvia. Esta cosa va a seguir dando saltos por la atmósfera hasta que destruya el planeta.

Probemos algo distinto.

Ponemos el regulador a cero cuando la caja está pasando sobre el norte de Canadá. Se enfría rápidamente y cae en picado a la Tierra, aterrizando en el Gran Lago del Oso con una columna de vapor.

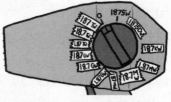

Y entonces...

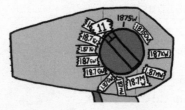

En este caso, eso son 11 petawatts.

Una breve historia

El récord oficial del objeto más rápido hecho por el hombre es la sonda Helios 2, que alcanzó una velocidad de unos 70 km/s en un giro cerrado alrededor del Sol. Pero es posible que el verdadero poseedor de ese título sea una tapa de alcantarilla de metal de dos toneladas.

La tapa estaba encima de un pozo en un campo de ensayos nucleares subterráneo utilizado en Los Álamos como parte de la Operación Plumbbob. Cuando el misil nuclear de 1 kilotón explotó debajo, las instalaciones se convirtieron en un verdadero cañón lanza papas nuclear y la tapa se llevó una gigantesca patada. Una cámara de alta velocidad que enfocaba la tapa sólo captó un fotograma de esta en movimiento antes de que se desvaneciera, lo que significa que se estaba moviendo a un mínimo de 66 km/s. Nunca encontraron la tapa.

Bien, 66 km/s es unas seis veces la velocidad de escape, pero, contrariamente a lo que se suele especular, es improbable que la tapa llegara al espacio. La aproximación de la profundidad del impacto de Newton sugiere que o fue completamente destruida por el impacto contra el aire o redujo la velocidad y volvió a caer a la Tierra.

Cuando la volvemos a encender, nuestra caja reactivada de la secadora, que se balancea en el agua del lago, experimenta un proceso similar. El vapor calentado debajo de ella se expande hacia fuera y, mientras la caja se eleva en el aire, toda la superficie del lago se convierte en vapor. El vapor, calentado hasta convertirse en un plasma por el torrente de radiación, acelera la caja más y más rápido.

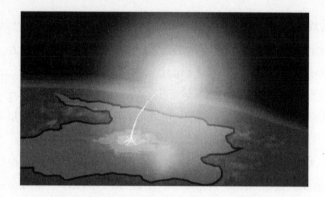

Fotografía, por cortesía del comandante Hadfield.

En lugar de salir disparada hasta la atmósfera como la tapa de alcantarilla, la caja vuela a través de una burbuja de plasma en expansión que ofrece poca resistencia. Sale de la atmósfera y sigue alejándose, y pasa lentamente de segundo sol a tenue estrella. Gran parte de los territorios del noroeste están en llamas, pero la Tierra ha sobrevivido.

Sin embargo, puede que unos cuantos deseen que no lo hubiera hecho.

Preguntas extrañas (y preocupantes) de la bandeja de entrada de *¿Qué pasaría si...?* (2)

P. ¿Se habría detenido el accidente de Chernóbil arrojando antimateria en el reactor cuando se estaba fundiendo?

A. J.

A. J., en reconocimiento a tus esfuerzos por responder al accidente de Chernóbil, te concedemos el premio «Por el amor de Dios, ¿en qué estabas pensando?».

Tiene la forma de la cinta VHS del especial de Navidad de *La guerra de las galaxias*.

P. ¿Es posible llorar tanto que te deshidrates?

KARL WILDERMUTH

Karl, ¿estás bien?

La última luz humana

P. Si de alguna manera todos los humanos desaparecieran sin más de la faz de la tierra, ¿cuánto tiempo pasaría antes de que la última fuente de luz artificial se apagara?

Alan

R. Habría muchos candidatos al título de «última luz».

El magnífico libro de 2007 *El mundo sin nosotros*, de Alan Weisman, exploró con detalle lo que les pasaría a las casas, carreteras, rascacielos, granjas y animales de la tierra si los humanos se desvanecieran de repente. Una serie de televisión de 2008 llamada *La Tierra sin humanos* investigó partiendo de la misma premisa. Sin embargo, ninguno de los dos respondió a esta pregunta en particular.

Empezaremos por lo obvio: la mayoría de las luces no durarían mucho, porque las principales redes eléctricas caerían relativamente rápido. Las plantas de combustible fósil, que proporcionan la gran mayoría de la electricidad del mundo, requieren un suministro constante de combustible y sus redes de distribución necesitan humanos que tomen decisiones.

Sin personas, habría menos demanda de electricidad, pero nuestros termostatos seguirían encendidos. A medida que las plantas de carbón y las plataformas petrolíferas empezaran a dejar de funcionar en las primeras horas, otras plantas tendrían que tomar el relevo. Este tipo de situaciones son difíciles de manejar incluso con la intervención de humanos. El resultado sería una rápida serie de fallos en efecto cascada que llevaría a un apagón de las principales redes eléctricas.

Sin embargo, una gran cantidad de electricidad proviene de fuentes que no dependen de las principales redes eléctricas. Echémosles un vistazo a algunas de ellas y veamos cuándo podría apagarse cada una.

Generadores diésel

Muchas comunidades apartadas, como las de islas remotas, obtienen electricidad a partir de generadores diésel. Estos pueden continuar funcionando hasta que se les acabe el combustible, lo que en muchos casos puede ser unos días o meses.

Plantas geotérmicas

Las estaciones generadoras que no necesitan un suministro de combustible proporcionado por humanos se mantendrían mejor. Las plantas geotérmicas, que se alimentan del calor del interior de la tierra, pueden funcionar durante algún tiempo sin intervención humana.

De acuerdo con el manual de mantenimiento de la planta geotérmica de Svartsengi (en Islandia), cada seis meses los trabajadores deben cambiar el aceite de la caja de engranajes y engrasar todos los motores eléctricos y acoplamientos. Sin humanos para llevar a cabo estas tareas de mantenimiento, algunas plantas podrían funcionar durante unos cuantos años, pero al final todas acabarían sucumbiendo a la corrosión.

Turbinas eólicas

La gente que depende de la energía eólica estaría en mejores condiciones que la mayoría. Las turbinas están diseñadas de forma que no necesitan un mantenimiento constante, por la sencilla razón de que hay muchas y cuesta mucho escalarlas.

Algunos molinos pueden funcionar durante un largo periodo de tiempo sin intervención humana. La turbina eólica Gedser de Dinamarca fue instalada a finales de los años cincuenta y generó electricidad durante 11 años sin mantenimiento. Las turbinas modernas suelen estar diseñadas para funcionar durante 30.000 horas (3 años) sin mantenimiento y sin duda hay algunas que funcionarían durante décadas. Seguro que al menos una de estas tendría al menos un LED encendido en alguna parte.

Con el tiempo, a la mayoría de las turbinas eólicas las detendría lo mismo que destrozaría las plantas geotérmicas: sus cajas de engranajes se pararían.

Centrales hidroeléctricas

Los generadores que convierten la caída del agua en electricidad se mantendrán en funcionamiento durante bastante tiempo. El programa del canal History *La Tierra sin humanos* entrevistó a un operador de la Presa Hoover que afirmó que, si todo el personal se marchara, las instalaciones continuarían funcionando con el piloto automático durante varios años. Probablemente la presa sucumbiría bien a la obstrucción de las tomas de agua o al mismo tipo de fallo mecánico que sufrirían las turbinas eólicas y las plantas geotérmicas.

Pilas

Las luces que funcionan a pilas se apagarán en una década o dos. Incluso sin consumo, las pilas se van descargando gradualmente. Algunos tipos duran más que otros, pero, incluso las que se anuncian como de larga duración, sólo podrán mantenerse cargadas durante una década o dos.

Hay unas cuantas excepciones. En el Laboratorio Clarendon de la Universidad de Oxford hay un timbre a pilas que lleva sonando desde el año 1840. El timbre «suena» tan suavemente que es casi inaudible y utiliza sólo una minúscula cantidad de electricidad cada vez que el martillo golpea la pequeña campana. Nadie sabe exactamente qué tipo de pilas usa porque nadie quiere desmontarlo para averiguarlo.

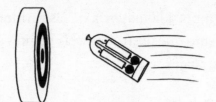

Físicos del CERN investigando el timbre de Oxford.

Por desgracia, no tiene ninguna luz conectada.

Reactores nucleares

Los reactores nucleares son un poco complicados. Si se ponen en modo de bajo consumo, pueden seguir funcionando casi de manera indefinida; la densidad de energía de su combustible es así de alta. Como dijo cierto webcómic:

Por desgracia, aunque haya suficiente combustible, los reactores no seguirían funcionando mucho tiempo. En cuanto algo fallara, el núcleo se apagaría automáticamente. Esto pasaría muy pronto; hay muchos factores que pueden desencadenarlo, pero el culpable más probable sería una pérdida de alimentación externa.

Puede parecer extraño que una central eléctrica necesite alimentación externa para funcionar, pero cada parte del sistema de control de un reactor nuclear está diseñada para que cualquier fallo origine un rápido apagado o SCRAM[1]. Cuando la alimentación externa se interrumpiera, ya sea porque la planta eléctrica externa cierra o porque los generadores de respaldo se quedan sin combustible, el reactor ordenaría el SCRAM.

Sondas espaciales

De todos los artefactos humanos, puede que nuestras naves espaciales sean los más duraderos. Algunas de sus órbitas durarán millones de años, aunque su energía eléctrica normalmente no.

En cuestión de siglos, nuestros Mars Rovers estarán enterrados bajo el polvo. Para entonces, muchos de nuestros satélites habrán caído de vuelta a la Tierra al deteriorarse sus órbitas. Los satélites GPS, en órbitas distantes, durarán más, pero con el tiempo hasta las órbitas más estables se verán interrumpidas por la Luna y el Sol.

Muchas naves espaciales se alimentan de paneles solares y otras de desintegración radioactiva. El Mars Rover *Curiosity*, por ejemplo, funciona con el calor de un trozo de plutonio que lleva en una caja colgada en la punta de un palo.

Caja mágica de la muerte

---

1 Cuando Enrico Fermi construyó el primer reactor nuclear, colgó las barras de control de una cuerda atada a la barandilla de un balcón. En el caso de que algo fallara, junto a la barandilla estaba apostado un distinguido físico con un hacha. Esto llevó a la probable historia apócrifa de que SCRAM son las siglas (en inglés) de Control de Seguridad de Barra Hombre con Hacha (Safety Control Rod Axe Man).

El *Curiosity* podría continuar recibiendo energía eléctrica del RTG durante un siglo. Al final el voltaje disminuiría demasiado para mantener al Rover operativo, pero probablemente otras partes se desgastarán antes de que eso ocurra.

De modo que el *Curiosity* parece un candidato prometedor. Sólo hay un problema: la falta de luces.

El *Curiosity* sí que tiene luces: las utiliza para iluminar muestras y realizar espectroscopias. Sin embargo, estas luces sólo se encienden cuando está haciendo mediciones. Sin instrucciones humanas, no tendrá ningún motivo para encenderlas.

A no ser que lleven humanos a bordo, las naves espaciales no necesitan muchas luces. La sonda *Galileo,* que exploró Júpiter en la década de los noventa, tenía varios LED en el mecanismo de su caja negra. Como emitía rayos infrarrojos en vez de luz visible, llamarlos «luces» es exagerado y, en cualquier caso, la *Galileo* se estrelló de forma intencionada en Júpiter en 2003[2].

Otros satélites llevan LED. Algunos satélites GPS, por ejemplo, usan LED UV para controlar la acumulación de carga en algunos de sus equipos y se alimentan de paneles solares; en teoría pueden seguir funcionando mientras el Sol siga brillando. Por desgracia, la mayoría ni siquiera durarán más que el *Curiosity,* porque al final sucumbirán a los impactos de basura espacial.

Pero los paneles solares no sólo se utilizan en el espacio.

---

2 La razón de provocar tal colisión fue incinerar la sonda de una forma segura para que no contaminase accidentalmente las lunas cercanas, como la acuosa Europa, con bacterias terrestres.

Energía solar

Los puestos de llamadas de emergencia que se encuentran a menudo al borde de las carreteras en lugares remotos funcionan frecuentemente con energía solar. Suelen tener luces, para mantenerse iluminados toda la noche.

Al igual que ocurre con las turbinas eólicas, es difícil mantenerlos, por lo que están construidos con la intención de que duren mucho tiempo. Mientras que se mantengan libres de polvo y residuos, los paneles solares por lo general durarán tanto como los componentes electrónicos conectados a ellos.

Los cables y circuitos de un panel solar acabarán sucumbiendo a la corrosión, pero los paneles solares en lugares secos con componentes electrónicos bien montados fácilmente podrán continuar proporcionando energía durante un siglo si las brisas o las lluvias ocasionales los mantienen libres de polvo.

Si nos ceñimos a una definición estricta de iluminación, las luces alimentadas con energía solar en lugares remotos probablemente serían la última fuente de luz humana superviviente[3].

Pero aún queda otro candidato, y es bastante raro.

---

3 La URSS construyó algunos faros que se alimentaban de desintegración radioactiva, pero no sigue operativo ninguno.

Radiación de Cherenkov

La radioactividad no suele ser visible.

La esfera de los relojes solía estar cubierta con radio para que brillara. Sin embargo, ese brillo no provenía de la propia radioactividad; provenía de la pintura fosforescente de encima del radio, que brillaba cuando era irradiada. Con el paso de los años, la pintura se ha descompuesto. Aunque las esferas de reloj siguen siendo radioactivas, ya no brillan.

La esfera de los relojes, sin embargo, no es nuestra única fuente radioactiva.

Cuando las partículas radioactivas viajan a través de materiales como el agua o el cristal, pueden emitir luz mediante una especie de explosión sónica óptica. Esta luz se llama radiación de Cherenkov y tiene el característico brillo azul de los núcleos de los reactores nucleares.

Algunos de nuestros productos de residuo radioactivo, como el cesio-137, se funden y se mezclan con cristal, luego se enfrían y se convierten en un bloque sólido que puede envolverse en más capas protectoras para que puedan ser transportados y almacenados de una forma segura.

En la oscuridad, estos bloques de cristal emiten un brillo azul.

El cesio-137 tiene una semivida de treinta años, lo que significa que dos siglos más tarde aún brillarían con un 1 por ciento de su radioactividad original. Como el color de la luz sólo depende de la energía de desintegración y no de la cantidad de radiación, el brillo se atenuará con el tiempo, pero mantendrá el mismo color azul.

Y de este modo llegamos a nuestra respuesta: de aquí a unos siglos, en las profundidades de cámaras acorazadas de hormigón, la luz de nuestro residuo radioactivo más tóxico seguirá brillando.

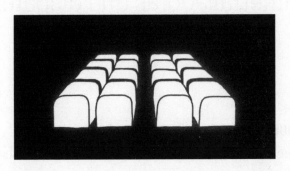

Mochila cohete de ametralladoras

P. ¿Es posible construir una mochila cohete utilizando sólo ametralladoras que disparen hacia abajo?

ROB B.

R. ME QUEDÉ UN POCO SORPRENDIDO al averiguar que la respuesta era que sí. Pero para hacerlo bien es mejor hablar con los rusos.

El principio aquí es bastante simple. Si disparas una bala hacia delante, el retroceso te empuja hacia atrás. Entonces, si la disparas hacia abajo, el retroceso debería empujarte hacia arriba.

La primera pregunta que tenemos que contestar es: «¿Puede un arma elevar al menos su propio peso?».

Si una ametralladora pesa 4 kilos y medio pero el retroceso al disparar sólo puede mover 3 y medio, no conseguirá elevarse ella misma del suelo, por lo que mucho menos ella misma más una persona.

En el mundo de la ingeniería, la relación entre el empuje y el peso de un vehículo se llama, con un lenguaje preciso, relación empuje a peso. Si es menos de 1, el vehículo no puede elevarse. El *Saturno V* tenía una relación empuje a peso de despegue de aproximadamente 1.5.

A pesar de haber crecido en el sur de Estados Unidos, no soy precisamente un experto en armas, así que para responder esta pregunta pedí ayuda a unos conocidos de Texas[1].

Nota: Por favor, POR FAVOR, no intentes hacer esto en casa.

Resulta que la AK-47 tiene una relación empuje a peso de alrededor de 2. Esto significa que si la colocaras sobre el cañón y de alguna forma dejaras apretado el gatillo, se elevaría por los aires mientras disparara.

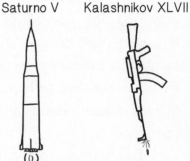

Saturno V   Kalashnikov XLVII

Esto no es así en todas las ametralladoras. La M60, por ejemplo, probablemente no pueda producir el retroceso suficiente para elevarse del suelo.

La cantidad de empuje creado por un cohete (o los disparos de una ametralladora) depende de (1) cuánta masa está tirando y dejando atrás, y (2) lo rápido que la está tirando. El empuje es el producto de estas dos cantidades:

empuje = tasa de expulsión de masa × velocidad de expulsión

Si una AK-47 dispara diez balas de 8 gramos por segundo a 715 metros por segundo, su empuje es:

$$10 \, \frac{\text{balas}}{\text{segundo}} \times 8 \, \frac{\text{gramos}}{\text{bala}} \times 715 \, \frac{\text{metros}}{\text{segundo}} = 57.2\text{N} \approx 5.89 \text{ kg de fuerza}$$

---

1 A juzgar por la cantidad de munición que habían esparcido por la casa para medirla y pesarla y ayudarme a resolver este problema, parece ser que Texas se ha convertido en una especie de zona de guerra posapocalíptica al estilo *Mad Max*.

Como la AK-47 solo pesa 4.80 kilos cargada, debería poder despegar y acelerar hacia arriba.

En la práctica, el empuje real resultaría ser de alrededor de un 30 por ciento más alto. La razón es que el arma no está escupiendo sólo balas, también escupe gas caliente y desechos explosivos. La cantidad de fuerza adicional que esto añade varía según el arma y el cartucho.

La eficiencia total también depende de si tiras los casquillos fuera del vehículo o cargas con ellos. Les pedí a mis conocidos tejanos que pesaran algunos casquillos para efectuar mis cálculos. Cuando tuvieron problemas para encontrar una báscula, les sugerí amablemente que, dado el tamaño de su arsenal, en realidad sólo tenían que encontrar a otra persona que tuviera una báscula[2].

Entonces ¿qué significa todo esto para nuestra mochila cohete?

Bueno, la AK-47 podría despegar, pero no tiene suficiente empuje de sobra para elevar nada que pese mucho más que una ardilla.

Podemos probar a utilizar varias armas. Si disparas dos armas contra el suelo, se genera el doble de empuje. Si cada arma puede elevar 2 kilos y pico más que su propio peso, dos pueden elevar casi cinco.

Llegados a este punto, está claro hacia dónde nos dirigimos:

---

2 Preferiblemente alguien con menos munición.

Hoy no vas a ir al espacio.

Si añadimos suficientes rifles, el peso del pasajero se vuelve irrelevante, porque se reparte entre tantas armas que casi no importa. Cuando el número de rifles aumenta, como el artilugio es en realidad muchos rifles individuales que vuelan en paralelo, la relación empuje a peso se aproxima a la de un solo rifle sin carga:

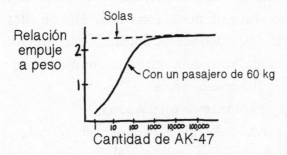

Pero hay un problema: la munición.

El tambor de una AK-47 tiene capacidad para 30 disparos. A 10 disparos por segundo, eso nos proporcionaría unos míseros 3 segundos de aceleración.

Podemos mejorar esto con un tambor más grande, pero sólo hasta cierto punto. Resulta que no hay ninguna ventaja en cargar con más de unas 250 municiones. La razón es un problema primordial y fundamental en la ingeniería aeronáutica: el combustible hace que peses más.

Cada bala pesa 8 gramos y el cartucho («toda la carga») pesa más de 16 gramos. Si añadimos más de 250 municiones, la AK-47 pesaría demasiado para despegar.

Esto sugiere que nuestro vehículo óptimo se compondría de un gran número de AK-47 (un mínimo de 25, pero preferiblemente al menos 300) con 250 municiones cada una. Las versiones más grandes de este vehículo podrían acelerar hacia arriba a velocidades verticales próximas a los 100 metros por segundo y elevarse más de 0.5 kilómetros en el aire.

Así que hemos respondido a la pregunta de Rob. Con suficientes ametralladoras, podrías volar.

Pero nuestro artilugio de AK-47 no es precisamente una mochila cohete muy práctica. ¿Podemos hacerlo mejor?

Mis amigos tejanos sugirieron una serie de ametralladoras y yo hice números para cada una de ellas. Algunas dieron bastante buen resultado; la MG-42, una ametralladora más pesada, tenía una relación empuje a peso marginalmente más alta que la AK-47.

Luego avanzamos un paso más.

La GAU-8 Avenger dispara hasta 60 balas de 0.45 kg por segundo. Produce casi 5 toneladas de fuerza de retroceso, una locura teniendo en cuenta que está montada en un tipo de avión (el A-10 *Warthog*) cuyos dos motores sólo producen 4 toneladas de empuje cada uno. Si pusieras dos de ellas en un avión y dispararas ambas hacia delante al abrir el acelerador, las armas ganarían y acelerarías hacia atrás.

Por decirlo de otro modo: si montase una GAU-8 en mi coche, pusiera el coche en punto muerto y comenzara a disparar hacia atrás, rebasaría el límite de velocidad interestatal en menos de tres segundos.

«De hecho, lo que me desconcierta es cómo».

Por muy buena que pueda ser esta arma como motor de una mochila cohete, los rusos construyeron otra que funciona aún mejor. La Gryazev-Shipunov GSh-6-30 pesa la mitad que la GAU-8 y tiene una cadencia de tiro aún más alta. Su relación empuje a peso se aproxima a 40, lo que significa que si apuntaras al suelo y dispararas no sólo despegaría en una rápida y creciente nube de mortíferos fragmentos de metal, sino que experimentarías 40 G de aceleración.

Esto es demasiado. De hecho, incluso cuando estaba firmemente anclada en un avión la aceleración era un problema:

> *El retroceso… seguía tendiendo a ocasionar daños en el avión. La cadencia de tiro fue reducida a 4,000 disparos por minuto, pero no sirvió de mucho. Las luces de aterrizaje casi siempre se rompían cuando se disparaba… Disparar más de unas 30 municiones en una ráfaga era buscarse problemas por el sobrecalentamiento…*
> GREG GOEBEL, airvectors.net

Pero si de algún modo aseguraras al piloto humano, hicieras el avión lo bastante fuerte para soportar la aceleración, envolvieras la GSh-6-30 en un armazón aerodinámico y te aseguraras de que estuviera adecuadamente refrigerada…

... Podrías saltar montañas.

Elevarse a un ritmo constante

P. Si de repente empezaras a elevarte de forma constante a una velocidad de 30 centímetros por segundo, ¿cómo morirías exactamente? ¿Te congelarías o te asfixiarías? ¿U ocurriría otra cosa?

REBECCA B.

R. ¿TE HAS TRAÍDO EL ABRIGO?

Treinta centímetros por segundo no es tan rápido: es considerablemente más lento que el típico ascensor. Tardarías de 5 a 7 segundos en elevarte fuera del alcance de la mano, dependiendo de lo altos que sean tus amigos.

Tras 30 segundos, estarías a 30 pies (9 metros) del suelo. Si vas a la página 239-240, verás que esa es la última oportunidad para que un amigo te tire un bocadillo, una botella de agua o algo[1].

Después de un minuto o dos estarías por encima de los árboles. Por lo general, aún estarías tan cómoda como si te

---

1 No te ayudará a sobrevivir, pero…

encontraras en el suelo. Si hace un día de viento, probablemente haría más frío debido a que el viento es más regular por encima del límite arbóreo[2].

Después de 10 minutos estarías por encima de todo, excepto de los rascacielos más altos, y a los 25 minutos sobrepasarías la aguja del edificio Empire State.

Aguja del edificio
Empire State

(originalmente diseñada
para anclar un *zeppelin*)

El aire a esa altura es alrededor de un 3 por 100 menos denso que en el suelo. Por suerte, tu cuerpo se enfrenta a cambios de presión como ese todo el tiempo. Puede que se te taponen los oídos, pero no notarías nada más.

---

2 Para esta respuesta voy a suponer un perfil típico de temperatura atmosférica. Puede variar un poco, por supuesto.

La presión del aire cambia rápidamente con la altitud. Sorprendentemente, cuando estás en el suelo la presión del aire cambia de forma perceptible en sólo unos pocos centímetros. Si tu teléfono tiene un barómetro incorporado, como ocurre con muchos teléfonos modernos, puedes descargar una aplicación y ver la diferencia de presión entre tu cabeza y tus pies.

Treinta centímetros por segundo se aproxima bastante a un kilómetro por hora, así que transcurrida una hora estarás más o menos a un kilómetro del suelo. En este punto, empiezas definitivamente a tener frío. Si llevas un abrigo, aún estarás bien, aunque puede que también notes que se está levantando viento.

En unas dos horas y a dos kilómetros, la temperatura caería por debajo del punto de congelación. Si tienes alguna parte de tu cuerpo al aire, aquí es donde la congelación empezaría a ser un problema.

En este punto, la presión caería por debajo de lo que experimentarías en la cabina de un avión de pasajeros[3] y los efectos empezarían a ser más significativos. En cualquier caso, la temperatura sería el mayor problema y se resolvería siempre que tuvieras una buena ropa de abrigo.

Durante las dos horas siguientes, el aire caería a temperaturas bajo cero[4].

Suponiendo por un instante que has sobrevivido a la falta de oxígeno, en algún momento sucumbirías a la hipotermia. Pero ¿cuándo?

---

3 Estas suelen mantenerse presurizadas a alrededor de un 70 o un 80 por ciento de la presión a nivel del mar, a juzgar por el barómetro de mi móvil.

4 De cualquier unidad, excepto Kelvin.

Las autoridades académicas en muertes por congelación al parecer son, como era de esperar, canadienses. El modelo más usado para la supervivencia humana en aire frío fue desarrollado por Peter Tikuisis y John Frim para el Instituto de Defensa Civil de Medicina Ambiental, de Ontario.

Según su modelo, el factor principal en la causa de la muerte sería la ropa. Si estuvieras desnuda, probablemente sucumbirías a la hipotermia en algún punto alrededor de las cinco horas, antes de quedarte sin oxígeno[5]. Si estuvieras abrigada, quizá te congelaras, pero probablemente sobrevivirías…

… Lo suficiente para llegar a la Zona de la Muerte.

Un momento, ¿la zona de qué?

Por encima de los 8,000 metros (por encima de las cimas de todas las montañas, excepto las más altas) la cantidad de oxígeno que contiene el aire es demasiado baja para que se mantenga la vida humana. Cerca de esta zona, sufrirías una serie de síntomas que posiblemente incluirían confusión, mareo, falta de coordinación, visión defectuosa y náuseas.

Al acercarte a la Zona de la Muerte, tu oxígeno en sangre caería en picado. Las venas son las encargadas de llevar la sangre baja en oxígeno de vuelta a los pulmones para rellenarla de oxígeno. Pero en la Zona de la Muerte hay tan

---

5 Sinceramente, este supuesto de ir desnuda plantea más preguntas que respuestas.

poco oxígeno en el aire que las venas pierden oxígeno con el aire en vez de ganarlo.

El resultado sería una rápida pérdida de consciencia y la muerte. Esto sucedería alrededor de las siete horas; hay muy pocas probabilidades de que llegaras a la octava.

Murió como vivió: elevándose a treinta centímetros por segundo.
O sea, como vivió durante las últimas horas.

Y dos millones de años después tu cuerpo congelado, que seguiría moviéndose a treinta centímetros por segundo, pasaría a través de la heliopausa al espacio interestelar.

Clyde Tombaugh, el astrónomo que descubrió Plutón, murió en 1997. Una parte de sus restos se subieron a la nave espacial *New Horizons*, que pasará volando cerca de Plutón y continuará fuera del sistema solar.

Es cierto que tu hipotético viaje a treinta centímetros por segundo sería frío, desagradable y rápidamente letal. Pero cuando el Sol se convierta en un gigante rojo y consuma a la Tierra, Clyde y tú seríais los únicos que habrían conseguido escapar.

Algo es algo.

Preguntas extrañas (y preocupantes) de la bandeja de entrada de *¿Qué pasaría si...?* (3)

P. Con el grado de conocimiento y las capacidades actuales de la humanidad, ¿es posible construir una nueva estrella?

JEFF GORDON

... Necesito saberlo para el viernes.

Aniquilador del Sol
beta

P. ¿Qué tipo de anomalías logísticas te encontrarías si intentaras crear un ejército de simios?

KEVIN

P. Si la gente tuviera ruedas y pudiera volar, ¿cómo la diferenciaríamos de los aviones?

ANÓNIMO

Submarino orbital

P. ¿Cuánto tiempo podría durar en órbita un submarino nuclear?

JASON LATHBURY

R. EL SUBMARINO ESTARÍA BIEN, pero la tripulación se encontraría en apuros. El submarino no explotaría. El casco de un submarino es lo bastante fuerte para resistir de 50 a 80 atmósferas de la presión externa del agua, así que no tendría ningún problema para contener 1 atmósfera de presión interna del aire.

El casco probablemente sería hermético. Aunque el sellado a prueba de agua no contenga necesariamente el aire, el hecho de que el agua no pueda encontrar la forma de penetrar el casco bajo 50 atmósferas de presión sugiere que el aire no se escapará fácilmente. Puede haber unas cuantas válvulas unidireccionales especiales que dejarían salir el aire, pero con toda probabilidad el submarino permanecería sellado.

El gran problema al que se enfrentaría la tripulación sería el más obvio: el aire.

Los submarinos nucleares utilizan electricidad para extraer oxígeno del agua. En el espacio, no hay agua, de manera que no podrían obtener más aire. Pueden llevar bastante oxígeno de reserva para sobrevivir unos días al menos, pero con el tiempo estarían en apuros.

Para mantener el calor, podrían poner en marcha el reactor, pero tendrían que tener mucho cuidado con el tiempo que lo dejan encendido, porque el océano es más frío que el espacio.

Técnicamente, eso no es del todo cierto. Todo el mundo sabe que el espacio es muy frío. La razón por la que una nave espacial puede sobrecalentarse es que el espacio no es tan térmicamente conductor como el agua, así que el calor aumenta más rápidamente en una nave espacial que en un barco.

Pero si eres aún más pedante, es verdad. El océano es más frío que el espacio.

El espacio interestelar es muy frío, pero el espacio cerca del Sol, y cerca de la Tierra, de hecho ¡es increíblemente cálido! El motivo por el que no lo parece es que en el espacio la definición de «temperatura» se disipa un poco. El espacio parece frío porque está muy vacío.

La temperatura es una medida de la energía cinética media de un conjunto de partículas. En el espacio, las moléculas individuales tienen una media de energía cinética alta, pero hay tan pocas que no te afectan.

De pequeño, mi padre tenía un taller de maquinaria en el sótano y recuerdo observarlo utilizando una amoladora. Cada vez que el metal tocaba la rueda, saltaban chispas por todas partes y le caían sobre las manos y la ropa. No entendía por qué no le hacían daño, porque al fin y al cabo las chispas brillantes estaban a varios miles de grados.

Más tarde aprendí que la razón por la que las chispas no le hacían daño era porque eran pequeñas; el calor que transportan puede ser absorbido por el cuerpo sin calentar nada más que un trocito de piel.

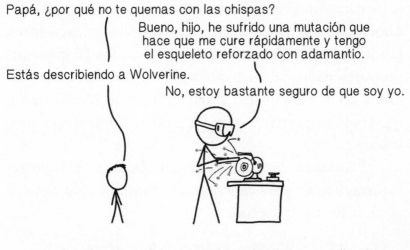

Papá, ¿por qué no te quemas con las chispas?

Bueno, hijo, he sufrido una mutación que hace que me cure rápidamente y tengo el esqueleto reforzado con adamantio.

Estás describiendo a Wolverine.

No, estoy bastante seguro de que soy yo.

Las moléculas calientes en el espacio son como las chispas del taller de mi padre; pueden estar calientes o frías, pero son tan pequeñas que tocarlas no altera mucho tu temperatura[1]. En cambio, tu calentamiento y enfriamiento dependen de cuánto calor produces y cuánto tarda en salir de ti hacia el vacío.

Sin un ambiente cálido a tu alrededor que irradie calor que vuelva a ti, pierdes el calor de tu superficie, pero tampoco pierdes mucho calor por convección[2]. Para la mayoría de las naves espaciales que transportan humanos, este último efecto es más importante, el gran problema no es permanecer caliente, sino mantenerse fresco.

Está claro que un submarino puede mantener una temperatura habitable en su interior cuando el océano enfría el casco exterior a 4°C. Sin embargo, si el casco del submarino

---

1 Por eso, aunque los cerillos y las antorchas están aproximadamente a la misma temperatura, ves a los tipos duros de las películas apagar cerillas con los dedos, pero nunca los ves hacer lo mismo con antorchas.

2 O conducción.

necesitara mantener esta temperatura en el espacio, perdería calor a razón de unos 6 megavatios mientras se encuentre a la sombra de la Tierra. Esto es más que los 20 kilowatts proporcionados por la tripulación y los varios cientos de kilowatts de calor de invierno bajo la luz del sol directa, así que tendrían que poner en marcha el reactor sólo para mantenerse calientes[3].

Para salirse de la órbita, un submarino tendría que frenar lo suficiente para chocar con la atmósfera. Sin cohetes, no tiene forma de hacerlo.

Espera, ¿cómo que
«sin cohetes»?

Bueno, técnicamente un submarino sí que tiene misiles.

Qué raro que el
humo forme una
nube en el vacío.
Shhh.

---

3 Cuando se acercaran al Sol, la superficie del submarino se calentaría, pero ellos seguirían perdiendo calor más rápido de lo que lo obtienen.

Por desgracia, los misiles están apuntando al lado equivocado para darle un empujón al submarino. Los misiles son autopropulsores, lo que significa que tienen muy poco retroceso. Cuando un arma dispara una bala, está empujando a la bala para que tome velocidad. Con un misil, sólo lo enciendes y lo dejas ir. Lanzar misiles no impulsará al submarino hacia delante.

Pero no lanzarlos sí podría.

Si los misiles balísticos que transportan los submarinos nucleares modernos se sacaran de sus tubos, se les diese la vuelta y se les pusiera al revés, podrían cambiar la velocidad del submarino en unos 4 metros por segundo cada uno.

La típica maniobra de desorbitación requiere alrededor de 100 m/s de delta-v (cambio de velocidad), lo que significa que los 24 misiles Trident que transporta un submarino de clase Ohio podrían ser suficientes para salir de órbita.

Bien, puesto que el submarino, al contrario que las naves espaciales, no tiene un escudo de protección que disipe el calor y como no es aerodinámicamente estable a velocidades hipersónicas, sería inevitable que se pusiera a dar vueltas y se rompiera en el aire.

¡Señor!
Según el sonar, estamos volviendo a entrar en la atmósfera.
Nada de esto tiene sentido.

Si te hubieras acurrucado en la grieta correcta del sub-marino —y estuvieras atado a un sillón de aceleración—, hay una minúscula, minúscula, minúscula probabilidad de que pudieras sobrevivir a la rápida desaceleración. Luego tendrías que saltar desde los restos del submarino con un paracaídas

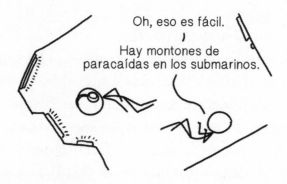

Oh, eso es fácil.

Hay montones de paracaídas en los submarinos.

antes de que estos llegaran al suelo.

Si alguna vez lo intentas, aunque te sugiero que no lo hagas, tengo un consejo que es absolutamente crucial: no olvides desactivar los detonadores de los misiles.

¡¡¡BUM!!!

Sección de respuestas cortas

P. Si mi impresora pudiera literalmente imprimir dinero, ¿tendría un gran efecto en el mundo?

DEREK O'BRIEN

R. EN UNA HOJA DE PAPEL de 21 × 28 centímetros caben cuatro billetes.

Si tu impresora puede imprimir una página (por delante y por detrás) a color de alta calidad por minuto, eso son 200 millones de dólares al año.

Esto basta para hacerte muy rico, pero no es suficiente para hacer mella en la economía mundial. Como hay 7.8 millones de millones de billetes de 100 dólares en circulación y la vida de un billete de 100 dólares es de unos 90 meses, eso significa que se producen unos 1,000 millones al año. Tus 2 millones de billetes adicionales al año apenas se notarían.

Veamos...
400 dólares por minuto...
y hay
525,600 minutos
en un año...
(Maldita sea, Rent).

P. ¿Qué pasaría si detonaras una bomba nuclear en el ojo de un huracán? ¿Se vaporizaría inmediatamente la célula de tormenta?

RUPERT BAINBRIDGE (y otros cientos)

R. ESTA PREGUNTA LA ENVÍAN mucho.

Resulta que a la Administración Nacional Oceánica y Atmosférica, la agencia que lleva el Centro Nacional de Huracanes, también se la hacen mucho. De hecho, se lo preguntan tan a menudo que han publicado una respuesta.

Te recomiendo que la leas entera[1], pero creo que la última frase del primer párrafo es lo bastante explícita:

Ni que decir tiene que no es una buena idea.

Me alegra que un sector del gobierno de Estados Unidos, de alguna forma con carácter oficial, haya publicado una opinión sobre el tema de disparar misiles nucleares a los huracanes.

P. Si todo el mundo pusiera pequeños generadores de turbina en los desagües de sus casas y sus empresas, ¿cuánta energía podríamos generar? ¿Sería suficiente para compensar el costo de los generadores?

DAMIEN

---

1 Busca *Why don't we try to destroy tropical cyclones by nuking them?* («Por qué no intentamos acabar con los ciclones tropicales con armas nucleares»), de Chris Landsea.

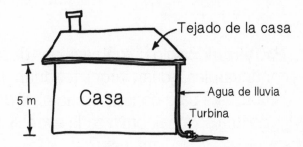

R. UNA CASA EN UN LUGAR muy lluvioso, como el sureste de Alaska, puede tener cerca de 4 metros de lluvia al año. Las turbinas hidráulicas pueden ser bastante eficientes. Si la casa ocupa una superficie de 1,500 pies cuadrados (139 metros cuadrados) y tiene unos desagües de 5 metros, generaría una media de menos de un watts de potencia por la lluvia y el máximo ahorro de electricidad sería:

$$1.500 \text{ pies}^2 \times 4\,\frac{\text{metros}}{\text{año}} \times 1\,\frac{\text{kg}}{\text{litro}} \times 9,81\,\frac{\text{m}}{\text{s}^2} \times 5 \text{ metros} \times 15\,\frac{\text{céntimos}}{\text{kWh}} = \frac{1.14 \text{ dólares}}{\text{año}}$$

La hora más lluviosa que tenemos registrada hasta 2014 tuvo lugar en 1947 en Holt (Misuri), donde unos 30 centímetros de lluvia cayeron en 42 minutos. Durante esos 42 minutos, nuestra hipotética casa podría generar hasta 800 watts de electricidad, que serían suficientes para proporcionar energía a todo lo que hay dentro. Durante el resto del año, no llegaría ni de lejos.

Si el equipo del generador costara 100 dólares, los residentes del lugar más lluvioso de Estados Unidos (Ketchikan, en Alaska) podrían potencialmente amortizar su costo en menos de un siglo.

P. Utilizando sólo combinaciones de letras pronunciables, ¿cuán largos tendrían que ser los nombres para ponerle un nombre distinto de una sola palabra a cada estrella del universo?

SEAMUS JOHNSON

R. HAY APROXIMADAMENTE 300,000,000,000,000,000,000,000 estrellas en el universo. Si para construir una palabra pronunciable necesitas alternar vocales y consonantes (hay otras formas de construir palabras pronunciables, pero ésta nos servirá para una aproximación), entonces cada par de letras que añades te deja nombrar 105 veces más estrellas (21 consonantes por 5 vocales). Puesto que los números tienen una densidad de información similar (100 posibilidades por carácter), esto sugiere que el nombre acabará siendo tan largo como el número de estrellas:

300,000,000,000,000,000,000,000

JOEBIDENJOEBIDENJOEBIDEN

Las estrellas se llaman Joe Biden.

Me gusta hacer cálculos que impliquen medir la longitud de los números escritos en una hoja (que en realidad es simplemente una forma de calcular por encima $\log_{10}x$). Funciona, pero me hace sentirme muy mal.

P. A veces voy a clase en bicicleta. Ir en bici en invierno es fastidioso, porque hace mucho frío. ¿A qué velocidad tendría que ir para que mi piel se calentara como se calienta una nave espacial cuando vuelve a entrar en la atmósfera?

DAVID NAI

R. LAS NAVES ESPACIALES SE CALIENTAN al reentrar porque comprimen el aire que está delante de ellas (no, como se suele creer, por la fricción del aire).

Para elevar la temperatura de la capa de aire delante de tu cuerpo 20 grados centígrados (suficiente para pasar de congelado a temperatura ambiente), necesitarías pedalear a 200 metros por segundo.

Los vehículos más rápidos de propulsión humana al nivel del mar son las bicicletas reclinadas con carrocería aerodinámica o velomóviles. Estos vehículos tienen un límite máximo de velocidad próximo a los 40 m/s, la velocidad a la que un humano apenas puede producir el empuje suficiente para equilibrar la fuerza de arrastre del aire.

Como el arrastre se incrementa con el cuadrado de la velocidad, sería bastante difícil forzar este límite mucho más. Pedalear a 200 m/s requeriría al menos 25 veces la energía necesaria para ir a 40 m/s.

A esas velocidades, en realidad no tienes que preocuparte por el calor del aire, porque unas cuentas rápidas sugieren que si tu cuerpo estuviera haciendo un esfuerzo así, tu temperatura central alcanzaría niveles letales en cuestión de segundos.

P. ¿Cuánto espacio físico ocupa Internet?

MAX L.

R. HAY MUCHAS FORMAS DE CALCULAR la cantidad de información almacenada en Internet, pero podemos poner un interesante límite superior a ese número sólo mirando cuánto espacio de almacenamiento hemos comprado nosotros (como especie).

La industria del almacenamiento produce alrededor de 650 millones de discos duros al año. Si la mayoría de ellos son unidades de unos 9 centímetros, eso son 8 litros (2 galones) de disco duro por segundo.

Esto significa que la producción de discos duros de los últimos años (que, gracias al creciente tamaño, representa la mayor parte de la capacidad de almacenamiento global) sólo llenaría más o menos un petrolero. De modo que, según esa medida, Internet es más pequeño que un petrolero.

P. ¿Qué pasaría si atáramos explosivo C4 a un búmeran? ¿Sería un arma efectiva o sería tan estúpido como parece?

CHAD MACZIEWSKI

R. DEJANDO A UN LADO LA AERODINÁMICA, tengo curiosidad por saber qué ventaja táctica esperas conseguir con un explosivo que vuelve volando hacia ti si no da en el blanco.

Relámpagos

Antes de seguir avanzando, quiero hacer hincapié en algo: yo no soy una autoridad en seguridad contra relámpagos.

Soy un tipo que hace dibujos en Internet. Me gusta cuando las cosas se incendian y explotan, lo que significa que no pienso en lo que será mejor para ti. Las autoridades en seguridad contra relámpagos son la gente del Servicio Meteorológico Nacional de Estados Unidos: *http://www.lightningsafety.noaa.gov/*

Bien, aclarado este punto...

Para responder a las siguientes preguntas, necesitamos hacernos una idea de dónde es más probable que caigan los rayos. Hay un truco muy *cool* para esto, que te muestro a continuación: tira una esfera imaginaria de 60 metros de diámetro en un paisaje y observa dónde toca[1]. En esta sección contesto a diferentes preguntas sobre relámpagos.

Dicen que los rayos caen en la cosa más grande que haya en los alrededores. Este es el tipo de afirmación exasperantemente inexacta que de inmediato provoca toda clase de preguntas. ¿Cómo de lejos son «los alrededores»? O sea, no todos los rayos caen en el Everest. Pero ¿encuentran a la persona más alta entre el gentío? La persona más alta que conozco probablemente sea Ryan North[2]. ¿Debería intentar juntarme con él por razones de seguridad antirrelámpagos? ¿No debería por otras razones? Tal vez tendría que ceñirme a contestar preguntas en vez de formularlas.

---

1 O ya puestos, una de verdad.

2 Los paleontólogos calculan que medía cerca de 5 metros hasta el hombro.

Entonces ¿cómo eligen sus objetivos los relámpagos?

La caída empieza con un haz de carga con ramificaciones —el «líder»—, que desciende desde la nube. Se extiende hacia abajo a velocidades de miles de kilómetros por segundo y cubre los pocos kilómetros que lo separan del suelo en unas cuantas decenas de milisegundos.

El líder transporta relativamente poca corriente, del orden de 200 amperios. Eso ya es suficiente para matarte, pero no es nada comparado con lo que sucede después. Una vez que el líder entra en contacto con el suelo, la nube y el suelo se igualan con una descarga masiva de más de 20,000 amperios. Este es el destello cegador que se ve. Vuelve a subir rápidamente por el canal a una significativa fracción de la velocidad de la luz, cubriendo esa distancia en menos de un milisegundo[3].

El punto en el suelo donde vemos «caer» un rayo es el punto donde el líder hizo antes contacto con la superficie. El líder se desplaza hacia abajo a través del aire a pequeños saltos. Básicamente está abriéndose camino hacia la carga (normalmente) positiva del suelo. Sin embargo, sólo «detecta» las cargas que se encuentran a unas cuantas decenas de metros de su punta cuando está decidiendo dónde saltar a continuación. Si hay algo conectado al suelo dentro de esa distancia, el rayo saltará hacia eso. De lo contrario, salta en una dirección semialeatoria y repite el proceso.

---

3 Aunque se llama «carrera de retorno», la carga sigue fluyendo hacia abajo. Sin embargo, la descarga parece propagarse hacia arriba. Este efecto es similar a cuando la luz del semáforo se pone verde, los coches de delante empiezan a moverse, luego los coches de detrás, por lo que el movimiento parece que se extienda hacia atrás.

Aquí es cuando interviene la esfera de 60 metros. Es una forma de imaginar qué puntos podrían ser los primeros que detecta el líder, los lugares a los que puede saltar en su próximo (y último) paso.

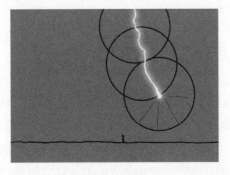

Para averiguar dónde es probable que caiga, tiras la esfera imaginaria de 60 metros a lo largo del paisaje[4]. Esta esfera rueda por encima de los árboles y los edificios sin atravesar nada (ni derribarlo). Los lugares con los que la superficie entra en contacto (las copas de los árboles, los postes y los jugadores en un campo de golf) son objetivos potenciales de los rayos.

Esto significa que puedes calcular una «sombra» de rayo alrededor de un objeto de altura h sobre una superficie plana.

$$\text{Radio de la sombra} = \sqrt{-h(h - 2r)}$$

La sombra es la zona donde es probable que el líder caiga sobre el objeto alto en vez de sobre el suelo a su alrededor:

---

4 Por razones de seguridad, no utilices una esfera real.

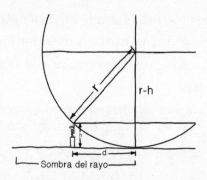

Bien, eso no significa que estés a salvo dentro de la sombra, a menudo significa lo contrario. Después de que la corriente golpee el objeto alto, fluye hasta el suelo. Si estás tocando el suelo cerca, puede viajar a través de tu cuerpo. De las 28 personas que murieron en 2012 alcanzadas por un rayo en Estados Unidos, 13 de ellas estaban debajo o cerca de árboles.

Teniendo esto en cuenta, examinemos posibles recorridos de los rayos en los supuestos de las siguientes preguntas.

P. ¿Hasta qué punto es peligroso estar en una piscina durante una tormenta?

R. BASTANTE PELIGROSO. El agua es conductora, pero ese no es el mayor problema; el mayor problema es que, si estás nadando, tu cabeza sobresale en una superficie plana. Pero que el rayo cayera en el agua cerca de ti también sería malo. Los 20,000 amperios se extienden hacia fuera (principalmente sobre la superficie), pero la intensidad de la sacudida que sufrirías y a qué distancia es difícil de calcular.

Yo creo que correrías un grave peligro en cualquier lugar a una distancia de al menos una decena de metros y más en agua dulce, porque la corriente estaría encantada de tomar un atajo a través de ti.

¿Qué pasaría si estuvieses duchándote cuando te alcanzara el rayo? ¿O de pie debajo de una catarata?

El agua que cae no supone un peligro, es sólo un puñado de gotas en el aire. Es la bañera bajo tus pies y el charco de agua en contacto con las tuberías lo que representa una verdadera amenaza.

P. ¿Qué pasaría si estuvieras en un barco o en un avión que fuera alcanzado por un rayo? ¿Y en un submarino?

R. Un barco sin camarote es tan seguro como un campo de golf. Un barco con un camarote cerrado y un sistema de protección contra relámpagos es más o menos igual de seguro que un coche. Un submarino es más o menos igual de seguro que una caja fuerte submarina (una caja fuerte submarina no debe confundirse con una caja fuerte en un submarino, una caja fuerte en un submarino es considerablemente más segura que una caja fuerte submarina).

P. ¿Qué pasaría si estuvieras cambiando una bombilla en la parte más alta de una torre de radio y te cayera un rayo? ¿Y si estuvieras dando un mortal hacia atrás? ¿Y de pie en un campo de grafito? ¿Y mirando directamente al rayo?

R.

P. ¿Qué pasaría si un rayo alcanzara a una bala en el aire?

R. **LA BALA NO AFECTARÍA** al recorrido del rayo. Tendrías que calcular de algún modo el momento del disparo para que la bala estuviera en el centro de la descarga cuando sucediera la carrera de retorno.

El núcleo de un rayo mide unos cuantos centímetros de diámetro. Una bala disparada con una AK-47 es de larga aproximadamente 26 mm y se mueve a unos 700 milímetros cada milisegundo.

La bala tiene un revestimiento de cobre sobre un núcleo de plomo. El cobre es un conductor fantástico de electricidad y muchos de los 20,000 amperes podrían fácilmente tomar un atajo a través de la bala.

Sorprendentemente, la bala lo soportaría bastante bien. Si estuviera inmóvil, la corriente calentaría y derretiría rápidamente el metal. Pero como estaría moviéndose a tanta velocidad, saldría del canal antes de que pudiera calentarse más de unos pocos grados. Continuaría hacia su objetivo sin apenas verse afectada. El campo magnético alrededor del rayo y la corriente que atraviesa la bala crearían unas curiosas fuerzas electromagnéticas, pero ninguna de las que he examinado cambiaría mucho la situación.

P. ¿Y si estuvieras actualizando tu BIOS durante una tormenta y te cayera un rayo?

R.

Preguntas extrañas (y preocupantes) de la bandeja de entrada de *¿Qué pasaría si...?* (4)

P. ¿Sería posible detener la erupción de un volcán poniendo una bomba (termobárica o nuclear) bajo la superficie?

TOMASZ GRUSZKA

P. Un amigo mío está convencido de que hay sonido en el espacio. No hay, ¿verdad?

AARON SMITH

Computadora humana

P. ¿Qué potencia de cálculo podríamos lograr si toda la población mundial dejara lo que está haciendo ahora mismo y se pusiera a hacer cálculos? ¿Cómo sería comparado con una computadora o un *smartphone* de hoy en día?

MATEUSZ KNORPS

R. PARA EMPEZAR, LOS HUMANOS y las computadoras piensan de formas muy distintas, así que compararlos sería como comparar naranjas y manzanas.

Además, las manzanas son mejores[1]. Intentemos comparar directamente a humanos y computadoras en las mismas tareas.

Es fácil, aunque cada día se pone más difícil, encontrar tareas que un solo humano pueda hacer más rápido que todas las computadoras del mundo. A los humanos, por ejemplo, probablemente se les da mucho mejor observar una escena dibujada y adivinar qué acaba de pasar:

Para probar esta teoría, le mandé este dibujo a mi madre y le pregunté qué pensaba que había pasado. Inmediatamente contestó[2]: «El niño ha tirado el jarrón y el gato está investigando».

Descartó inteligentemente hipótesis alternativas, como:

• El gato ha tirado el jarrón.
• El gato ha salido del jarrón de un salto y se le ha tirado encima al niño.

---

1 Excepto las manzanas rojas de la variedad red delicious, cuyo engañoso nombre es una farsa.

2 En nuestra casa había muchos jarrones cuando yo era pequeño.

• Al niño lo iba persiguiendo el gato y ha intentado subirse a la cómoda con una cuerda para escapar.

• Hay un gato salvaje en la casa y alguien le ha tirado un jarrón.

• El gato estaba momificado dentro del jarrón, pero se ha levantado cuando el niño lo ha tocado con una cuerda mágica.

• La cuerda que sostenía el jarrón se ha roto y el gato está intentando arreglarlo.

• El jarrón ha explotado y ha atraído a un niño y a un gato. El niño se ha puesto un sombrero para protegerse de futuras explosiones.

• El niño y el gato estaban correteando de un lado a otro intentando cazar a una serpiente. El niño al final la ha cazado y le ha hecho un nudo.

Todas las computadoras del mundo no podrían dar con la respuesta correcta más rápido de lo que lo haría un padre o una madre. Pero eso es porque las computadoras no han sido programadas para resolver ese tipo de problemas[3], mientras que millones de años de evolución han conseguido que a los cerebros se les dé bien descifrar lo que están haciendo otros cerebros a su alrededor y por qué.

De modo que podríamos elegir una tarea para darles ventaja a los humanos, pero eso no es divertido; las computadoras están limitados por nuestra capacidad para programarlas, así que tenemos una ventaja incorporada.

En vez de eso, veamos cómo competimos en su terreno.

---

3 Todavía.

La complejidad de los microchips

Más que inventar una nueva tarea, simplemente aplicaremos a los humanos las mismas pruebas comparativas que aplicamos a las computadoras. Estas suelen consistir en cosas como matemáticas de coma flotante, guardar y recordar números, manipular series de letras y cálculos lógicos básicos.

De acuerdo con el experto informático Hans Moravec, un humano que haga los cálculos de una prueba comparativa para chips informáticos a mano, utilizando papel y lápiz, puede realizar el equivalente a una instrucción completa cada minuto y medio[4].

Según esta medida, el procesador de un teléfono móvil de gama media podría hacer cálculos unas 70 veces más rápido que toda la población mundial. El chip de una computadora de escritorio de gama alta podría incrementar esa razón 1,500.

Entonces ¿en qué año superó una sola computadora de escritorio normal y corriente la potencia de procesamiento conjunta de la humanidad?

---

4 Esta cifra está sacada de una lista (http://www.frc.ri.cmu.edu/users/hpm/book97/ch3/processor.list.txt) del libro de Hans Moravec *Robot: Mere Machine to Transcendent Mind*.

En 1994.

En 1992, la población mundial era de 5,500 millones de personas, lo que significa que su potencia de cálculo conjunta según nuestra prueba era de unos 65 MIPS (millones de instrucciones por segundo).

Ese mismo año Intel sacó al mercado el popular 486DX, que con su configuración de fábrica alcanzaba unos 55 o 60 MIPS. En 1994, los nuevos chips Pentium de Intel consiguieron resultados de más de 70 y 80, dejando a la humanidad en la cuneta.

Podrías argumentar que estamos siendo un poco injustos con las computadoras. Después de todo, estas comparaciones son de una computadora contra todos los humanos. ¿Cómo quedan todos los humanos contra todas las computadoras?

Esto es difícil de calcular. Podemos obtener fácilmente los resultados de varios tipos de computadoras, pero ¿cómo mides las instrucciones por segundo de, digamos, el chip de un Furby?

La mayor parte de los transistores del mundo están en microchips que no han sido diseñados para realizar estas pruebas. Si suponemos que todos los humanos están siendo modificados (entrenados) para realizar los cálculos comparativos, ¿cuánto esfuerzo deberíamos dedicar a modificar cada chip para que pueda hacer la prueba.

¡La raíz cuadrada de
0.138338129 es 0.37193834!

Para evitar este problema, podemos estimar la potencia agregada de todos los aparatos informáticos del mundo contando transistores. Resulta que los procesadores de los años ochenta y los procesadores de hoy tienen un índice más o menos similar de transistores por MIPS, unos 30 transistores por instrucción por segundo, orden de magnitud más, orden de magnitud menos.

Un artículo de Gordon Moore (de la ley de Moore) da cifras del número total de transistores manufacturados al año desde los años cincuenta. Es parecido a esto:

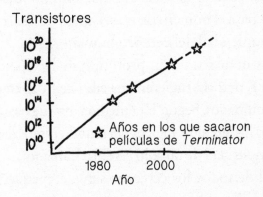

Utilizando nuestro índice, podemos convertir el número de transistores en un número total de potencia de cálculo. Esto nos dice que la típica computadora portátil moderna, cuyo resultado se encuentra dentro de las decenas de miles de MIPS, tiene más poder de cálculo que el mundo entero en 1965. Según esa medida, el año en el que el poder conjunto de las computadoras por fin se adelantó al poder de cálculo conjunto de los humanos fue 1977.

La complejidad de las neuronas

Por otra parte, hacer que la gente realice pruebas de unidades centrales de procesamiento con papel y lápiz es una forma extraordinariamente absurda de medir la potencia de cálculo de la humanidad. Medidos por su complejidad, nuestros cerebros son más sofisticados que cualquier supercomputadora. ¿Verdad?

Verdad. Por lo general.

Hay proyectos que intentan utilizar supercomputadora para simular completamente un cerebro a nivel de sinapsis individuales[5]. Si nos fijamos en cuántos procesadores y cuánto tiempo requieren estas simulaciones, podemos obtener una cifra para el número de transistores necesarios para igualar la complejidad del cerebro humano.

Los números de un prototipo de la supercomputadora japonesa K de 2013 sugieren una cifra de 1.015 transistores por cerebro humano[6]. Según esta medida, no fue hasta el año 1988 que todos los circuitos lógicos del mundo juntos llegaron a igualar la complejidad de un solo cerebro humano… y la complejidad total de todos los cerebros sigue empequeñeciendo a la complejidad de todos nuestros circuitos. Según la ley de Moore, basada en proyecciones, y utilizando estas cifras de simulación, hasta el año 2036 los ordenadores no superarán a los humanos[7].

---

5 Aunque puede que ni siquiera esto capte todo lo que sucede. La biología es complicada.

6 Utilizando 82,944 procesadores con unos 750 millones de transistores cada uno, K tardó 40 minutos en simular un segundo de actividad cerebral en un cerebro con un 1 por ciento del número de conexiones del de un humano.

7 Si estás leyendo esto después del año 2036, ¡hola desde el pasado lejano! Espero que las cosas estén mejor en el futuro. P.D. Por favor, encuentra la forma de volver por nosotros.

Por qué esto es ridículo

Estas dos formas de comparar al cerebro representan extremos opuestos de un espectro. Una, la prueba Dhrystone con papel y lápiz, pide a los humanos que simulen a mano las operaciones individuales de un chip informático y concluye que los humanos llevan a cabo unos 0.01 MIPS.

La otra, el proyecto de simulación neuronal de una supercomputadora les pide a las computadoras que simulen neuronas individuales de un cerebro humano y concluye que los humanos llevan a cabo aproximadamente el equivalente a 50,000,000,000 MIPS.

Un enfoque ligeramente mejor sería combinar las dos estimaciones. Esto de hecho tiene algo de sentido. Si suponemos que nuestros programas informáticos son casi tan ineficientes al simular la actividad cerebral humana como lo son los cerebros humanos al simular la actividad de los chips informáticos, entonces puede que la media geométrica de los dos números sea una clasificación más justa de la potencia cerebral.

Espera. Estoy bastante seguro de que no hay nada en la última frase que sea riguroso en ningún sentido.

La cifra conjunta sugiere que los cerebros humanos fichan unos 30,000 MIPS, más o menos a la par que la computadora con el que estoy escribiendo estas palabras. También sugiere que el año en que la complejidad digital de la tierra sobrepasó a su complejidad neurológica humana fue 2004.

Hormigas

En su artículo *Moore's Law at 40,* Gordon Moore hace una interesante observación. Señala que, según el biólogo E. O. Wilson, hay de 1,015 a 1,016 hormigas en el mundo. Por comparación, en 2014 había unos 1,020 transistores en el mundo, o decenas de miles de transistores por hormiga[8].

El cerebro de una hormiga puede contener un cuarto de millón de neuronas y miles de sinapsis por neurona, lo que sugiere que los cerebros de todas las hormigas del mundo tienen una complejidad conjunta similar a la de los cerebros humanos de todo el mundo.

Así que no deberíamos preocuparnos demasiado por cuándo nos igualarán las computadoras en complejidad. Después de todo, nosotros hemos alcanzado a las hormigas y ellas no parecen muy preocupadas. También es verdad que parece que nos hayamos apoderado del planeta, pero si tuviera que apostar qué seguirá existiendo dentro de un millón de años, si los primates, las computadoras o las hormigas, sé cuál escogería.

_____

8 «TPH».

Planetita

P. Si un asteroide fuera muy pequeño pero supermacizo, ¿podrías realmente vivir en él como el principito?

SAMANTHA HARPER

«¿Te has comido mi rosa?». «Tal vez».

R. *EL PRINCIPITO,* de Antoine de Saint-Exupéry, es una historia sobre un viajero de un distante asteroide. Es sencilla, triste, conmovedora y digna de ser recordada[1]. Presumiblemen-

---

1 Aunque no todo el mundo lo ve de esta forma. Mallory Ortberg, que escribe en the-toast.net, describió la historia de *El principito* como la de un niño rico que exigía que un superviviente de un accidente aéreo le hiciera dibujos y luego criticaba su estilo.

te es un cuento para niños, pero no es difícil identificar a su verdadero público objetivo. En cualquier caso, es innegable que sí que ha encontrado a su público: está entre los libros más vendidos de la historia.

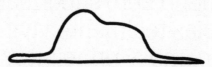

Fue escrito en 1942. Es un momento interesante para escribir sobre asteroides, porque en 1942 en realidad no sabíamos el aspecto que tenían los asteroides. Incluso con nuestros mejores telescopios, los asteroides más grandes sólo eran visibles como puntos de luz. De hecho, de ahí es de donde viene su nombre, porque la palabra asteroide significa «de figura de estrella».

Recibimos nuestra primera confirmación del aspecto que tenían los asteroides en 1971, cuando la sonda *Mariner 9* visitó Marte y fotografió Fobos y Deimos. Estas lunas, que se cree que son asteroides capturados, asentaron firmemente la imagen moderna de los asteroides como papas con cráteres.

IMAGEN DE FOBOS
DE LA *MARINER 9*

Antes de los años setenta, lo habitual en la ciencia ficción era dar por hecho que todos los asteroides pequeños serían redondos, como planetas.

El principito fue un paso más allá e imaginó un asteroide como un planeta pequeñito con gravedad, aire y una rosa. No tiene sentido ponerse a criticar la ciencia en este caso, porque (1) no es una historia sobre asteroides y (2) el libro comienza con una parábola sobre lo tontos que son los adultos por tomárselo todo demasiado al pie de la letra.

En vez de usar la ciencia para desacreditar el argumento del libro, veamos las extrañas y nuevas piezas que puede añadir. Si de verdad existiera un asteroide superdenso con suficiente gravedad superficial como para caminar por él, tendría algunas propiedades bastante extraordinarias.

Si el asteroide tuviera un radio de 1.75 metros, entonces, para disfrutar una gravedad como la terrestre en la superficie, tendría que tener una masa de unos 500 millones de toneladas. Eso es más o menos igual a la suma de la masa de todos los humanos de la tierra.

Si te pusieras de pie en la superficie, experimentarías fuerzas de marea. Los pies te pesarían más que la cabeza, la cual sentirías como una ligera sensación de estiramiento. Sentirías como si estuvieras estirado en una pelota de goma curva o acostado en un carrusel con la cabeza cerca del centro.

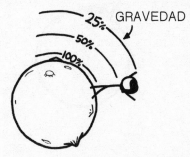

La velocidad de escape en la superficie sería de unos 5 metros por segundo. Eso es más lento que un esprint, pero bastante rápido de todas formas. Como norma general, si no puedes hacer una clavada con una pelota de basquetbol, no podrías escapar de ese asteroide saltando.

Sin embargo, lo raro de la velocidad de escape es que no importa en qué dirección vayas. Si vas más rápido que la velocidad de escape, mientras no te dirijas directamente hacia el planeta, escaparás. Eso significa que sería posible abandonar nuestro asteroide corriendo horizontalmente y saltando al final de una rampa.

Si no corrieras lo suficiente como para escapar del planeta, te pondrías en órbita a su alrededor. Tu velocidad orbital sería aproximadamente de 3 metros por segundo, la típica velocidad de trotar haciendo footing.

Pero sería una órbita extraña.

Las fuerzas de marea te afectarían de varias formas. Si estiraras el brazo hacia abajo en dirección al planeta, la gravedad tiraría de él mucho más fuerte que del resto de ti. Y cuando estiras un brazo hacia abajo, el resto de ti es empujado hacia arriba, lo que significa que otras partes de tu cuerpo notarían aún menos la gravedad. De hecho, cada parte de tu cuerpo intentaría moverse en una órbita distinta.

Un objeto grande que orbite bajo estos tipos de fuerzas de marea, como una luna, por lo general se separará en anillos[2]. Esto no te pasaría a ti. Sin embargo, tu órbita se volvería caótica e inestable.

Estos tipos de órbitas fueron investigados en un artículo de Radu D. Rugescu y Daniele Mortari. Sus simulaciones mostraron que los objetos grandes y alargados siguen extrañas rutas alrededor de sus cuerpos centrales. Ni siquiera sus

---

2 Esto es supuestamente lo que le pasó a Sonic el Erizo.

centros de masa se mueven en las tradicionales elipsis; algunos adoptan órbitas pentagonales, mientras que otros dan vueltas de forma caótica y se estrellan contra el planeta.

Este tipo de análisis en realidad podría tener aplicaciones prácticas. Ha habido varias propuestas a lo largo de los años de utilizar cuerdas largas y giratorias para meter y sacar cargamento de pozos gravitacionales, una especie de ascensor flotante espacial. Tales cuerdas podrían transportar cargamento hasta y desde la superficie de la Luna o recoger naves espaciales en el borde de la atmósfera de la Tierra. La inestabilidad inherente de muchas órbitas de las cuerdas plantea una dificultad para dicho proyecto.

En cuanto a los residentes de nuestro asteroide superdenso, deberían tener cuidado; si corrieran demasiado rápido, se arriesgarían gravemente a ponerse en órbita, empezar a dar vueltas y perder su almuerzo.

Por suerte, se podrían dar saltos verticales.

A los fans de la literatura infantil francesa de la zona de Cleveland les decepcionó la decisión del principito de fichar por los Miami Heat.

Tiro de filete

P. ¿Desde qué altura habría que tirar un filete para que estuviera cocinado cuando llegara al suelo?

ALEX LAHEY

R. ESPERO QUE TE GUSTEN LOS FILETES al estilo Pittsburgh *rare* (o sea, poco hechos por dentro y mucho por fuera). Además, es posible que lo tengas que descongelar cuando lo recojas.

Las cosas se calientan mucho cuando vuelven del espacio. Cuando entran en la atmósfera, el aire no puede apartarse lo bastante rápido, se apretuja delante del objeto y el aire comprimido se calienta. Como norma general, empiezas a notar el calentamiento por compresión por encima de aproximadamente Mach 2 (razón por la cual el Concorde llevaba material refractario en el borde delantero de las alas).

Cuando el paracaidista de caída libre Felix Baumgartner saltó desde una altura de 39 kilómetros, alcanzó Mach 1 a alrededor de los 30 kilómetros. Esto fue suficiente para calentar el aire unos cuantos grados, pero este estaba tan por debajo de cero que no cambió nada. (Al principio del salto, estaba a unos menos 40 grados, que es ese mágico punto en donde no tienes que aclarar si son Fahrenheit o Celsius: es lo mismo para los dos).

Por lo que yo sé, este filete en cuestión surgió originalmente en un largo hilo de 4chan que pronto se desintegró en diatribas sobre física con muy poca base entremezcladas con insultos homofóbicos. No se llegó a una conclusión clara.

Para intentar conseguir una respuesta mejor, decidí llevar a cabo una serie de simulaciones de un filete cayendo desde varias alturas.

Un filete de unos 200 gramos es más o menos del tamaño y la forma de un disco de hockey, así que basé mis coeficientes de arrastre del filete en los que aparecen en la página 74 del libro *The Physics of Hockey* (cuyo autor, Alain Haché, midió personalmente utilizando materiales de laboratorio). Un filete no es un disco de hockey, pero el coeficiente de arrastre exacto resultó no afectar demasiado al resultado.

Como contestar a estas preguntas a menudo incluye analizar objetos inusuales en condiciones físicas extremas, muchas veces las únicas investigaciones relevantes que encuentro son estudios del ejército de Estados Unidos durante la época de la Guerra Fría. (Al parecer, el Gobierno estadounidense derrochaba montones de dinero en cualquier asunto que estuviera remotamente relacionado con la investigación de armamento). Para hacerme una idea de cómo calentaría el aire al filete, leí artículos de investigación sobre el calentamiento de los conos de proa de los misiles ICBM en su reentrada en la atmósfera. Dos de los más útiles fueron *Predictions of Aerodynamic Heating on Tactical Missile Domes* y *Calculation of Reentry-Vehicle Temperature History*.

Por último, tuve que averiguar exactamente a qué velocidad se extiende el calor a través de un filete. Empecé leyendo algunos artículos de producción industrial de alimentos que simulaban el flujo de calor a través de varios trozos de carne. Tardé bastante en darme cuenta de que había una forma mucho más fácil de saber qué combinaciones de tiempo y temperatura calentarían eficazmente las distintas capas de un filete: consultar un libro de cocina.

El excelente libro de Jeff Potter *Cooking for Geeks* proporciona una genial introducción a la ciencia de cocinar carne y explica qué niveles de calor producen qué efectos en un filete y por qué. *The Science of Good Cooking,* de Cook, también me sirvió de ayuda.

Combinándolo todo, descubrí que el filete acelerará rápidamente hasta que alcance una altitud de unos 30 a 50 kilómetros, punto en el que el aire se hace lo bastante denso como para empezar a frenarlo.

La velocidad de caída del filete descendería a un ritmo constante cuando el aire se volviera más denso. Independientemente de lo rápido que fuera cuando llegara a las capas más bajas de la atmósfera, frenaría rápidamente hasta la velocidad límite. No importa la altura inicial, siempre se tardan seis o siete minutos en caer desde 25 kilómetros hasta el suelo.

Durante la mayoría de esos 25 kilómetros, la temperatura del aire está por debajo del punto de congelación, lo que significa que el filete pasaría seis o siete minutos sometido a una implacable ráfaga de vientos bajo cero de fuerza huracanada. Aunque la caída lo cocine, probablemente tendrás que descongelarlo cuando aterrice.

Cuando el filete por fin llegue al suelo, estará viajando a velocidad límite, unos 30 metros por segundo. Para que te hagas una idea de lo que esto significa, imagina un filete arrojado al suelo por un lanzador de béisbol de la liga profesional. Si el filete está siquiera parcialmente congelado, sería fácil de romper en pedazos. Sin embargo, si aterriza sobre agua, barro u hojas, probablemente acabará bien[1].

Un filete lanzado desde 39 kilómetros, a diferencia de Felix, probablemente se mantendrá por debajo de la barrera del sonido. Tampoco se calentará perceptiblemente. Esto tiene sentido, después de todo el traje de Felix no estaba chamuscado cuando aterrizó.

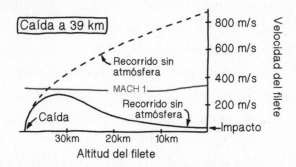

Probablemente los filetes puedan sobrevivir a romper la barrera del sonido. Aparte de Felix, hay pilotos que han sido eyectados a velocidades supersónicas y han vivido para contarlo.

Para romper la barrera del sonido, tendrás que dejar caer el filete desde una altura de unos 50 kilómetros. Pero esto aún no es suficiente para cocinarlo.

Tenemos que seguir subiendo.

Si lo tirásemos desde 70 kilómetros, el filete iría lo bastante rápido como para ser brevemente golpeado por ráfagas de viento de 350°F (176,67°C). Por desgracia, estas ráfagas de aire tenue y ligero durarían menos de un minuto y cualquiera con una mínima experiencia básica en la cocina te diría

---

1 Quiero decir intacto. No necesariamente bueno para comer.

que un filete puesto en el horno a esa temperatura durante 60 segundos no se va a cocinar.

A una altura de 100 kilómetros, el borde del espacio formalmente definido, el panorama no es mucho mejor. El filete pasa un minuto y medio por encima de Mach 2 y la superficie exterior es probable que se chamusque, pero el calor es reemplazado demasiado pronto por la ráfaga glacial estratosférica como para que se cocine de verdad.

A velocidades supersónicas e hipersónicas, se forma una onda de choque alrededor del filete que ayuda a protegerlo de los vientos más y más rápidos. Las características exactas de este frente de choque, y por lo tanto de la tensión mecánica en el filete, dependen de cómo caiga un filete crudo de 200 gramos a velocidades hipersónicas. He buscado literatura sobre el tema, pero no he podido encontrar ningún estudio sobre esto.

Para esta simulación voy a suponer que a velocidades más bajas algún tipo de calle de vórtices crea una caída giratoria, mientras que a velocidades hipersónicas se comprime en una forma esferoide semiestable. No obstante, esto es poco más que una suposición a ojo. Si alguien pone un filete en un túnel de viento hipersónico para conseguir mejores datos sobre este tema, por favor que me mande el vídeo.

Si dejas caer el filete desde una altura de 250 kilómetros, las cosas empiezan a calentarse; esos 250 kilómetros nos colocan dentro de la órbita baja terrestre. Sin embargo, el filete, como cae desde posición parada, no se mueve ni remotamente tan rápido como un objeto en reentrada desde la órbita.

En este supuesto, el filete alcanza una velocidad máxima de Mach 6 y la superficie exterior puede incluso acabar agradablemente abrasada. El interior, por desgracia, sigue crudo.

A no ser, eso sí, que entre en caída hipersónica y explote hecho pedazos.

Desde altitudes más elevadas, el calor empieza a ser verdaderamente considerable. La onda de choque de delante del filete alcanza los miles de grados (Fahrenheit o Celsius, se cumple para los dos). El problema con este nivel de calor es que quema la capa superficial por completo y la convierte en poco más que carbono. Es decir, se carboniza.

La carbonización es una consecuencia normal de poner carne al fuego. El problema con carbonizar carne a velocidades hipersónicas es que la capa carbonizada no tiene mucha integridad estructural, de modo que el viento la despega y expone otra capa para que sea carbonizada. (Si el calor es lo bastante alto, simplemente arrancará la capa superficial a la vez que la cocina rápidamente. Los artículos sobre los misiles ICBM se refieren a esto como «zona de ablación»).

Ni siquiera a esas alturas, el filete pasa el tiempo suficiente en el calor como para cocinarse entero[2]. Podemos intentar-

---

2 Sé lo que estarán pensando algunos, pero la respuesta es no: no pasa el tiempo suficiente en los cinturones de Van Allen como para que lo esterilice la radiación.

lo a velocidades más y más altas y podríamos alargar el tiempo de exposición tirándolo con un ángulo desde la órbita.

Pero si la temperatura es lo bastante alta o el tiempo de calor lo bastante largo, el filete se desintegrará lentamente, ya que la capa exterior será repetidamente carbonizada y arrancada. Si la mayor parte del filete llega al suelo, el interior seguirá estando crudo.

Es por esta razón por lo que deberíamos lanzar el filete sobre Pittsburgh.

Como probablemente cuente la historia apócrifa, los trabajadores siderúrgicos de Pittsburgh cocinaban los filetes golpeándolos con las superficies de metal encendido que salían de la fundición, de forma que quemaban la parte de fuera y los dejaban crudos por dentro. Este es, supuestamente, el origen del término «Pittsburgh *rare*».

Así que tira tu filete desde un cohete suborbital, manda un equipo de recogida a recuperarlo, límpialo, recaliéntalo, corta los trozos que estén muy carbonizados e híncale el diente.

Pero cuidado con la salmonela. Y con la amenaza de Andrómeda.

Disco de hockey

P. ¿Cuán fuerte habría que lanzar un disco de hockey para que tire al portero hacia atrás contra la red de la portería?

TOM

R. ESO NO PUEDE PASAR.

No es sólo el problema de golpear lo bastante fuerte con el disco. A este libro no le preocupan ese tipo de limitaciones. Los humanos con palos de hockey no pueden hacer que un disco vaya a mucho más de unos 50 metros por segundo, pero podemos suponer que este disco lo lanza un robot o un trineo eléctrico o un cañón de gas ligero hipersónico.

El problema, en resumidas cuentas, es que los jugadores de hockey pesan mucho y los discos no. Un portero con toda la equipación supera el peso de un disco por un factor de unos 600. Incluso el tiro obtenido por el golpe más rápido tiene menos ímpetu que un niño de diez años patinando a un kilómetro y medio por hora.

Los jugadores de hockey también se apoyan mucho en el hielo. Un jugador que patine a toda velocidad puede detenerse en unos pocos metros, lo que significa que la fuerza que está ejerciendo sobre el hielo es bastante considerable. (También sugiere que si empezaras a rotar lentamente la pista de hielo, podría inclinarse hasta 50 grados antes de que los jugadores se deslizaran hacia un extremo. Evidentemente, hacen falta experimentos para confirmar esto).

Con estimaciones de velocidades de impacto de vídeos de hockey y algo de ayuda de un jugador de hockey, calculé que el disco de 165 gramos tendría que moverse a una velocidad entre Mach 2 y Mach 8 para tirar al portero hacia atrás contra la portería, más rápido si el portero resiste el golpe y más despacio si el disco golpea en un ángulo ascendente.

Disparar un objeto a Mach 8 no es, en sí mismo, muy difícil. Una de las mejores formas de hacerlo es con el citado cañón de gas ligero hipersónico, que es, en esencia, el mismo mecanismo que utiliza una pistola BB de aire comprimido para disparar perdigones[1].

Pero un disco de hockey que se mueva a Mach 8 tendría muchos problemas, empezando por el hecho de que el aire delante del disco se comprimiría y calentaría muy deprisa. No iría lo bastante rápido como para ionizar el aire y dejar una estela brillante como un meteoro, pero la superficie del disco (siempre que el vuelo fuese lo bastante largo) empezaría a derretirse o a carbonizarse.

La resistencia del aire, no obstante, frenaría el disco muy deprisa, de manera que un disco que vaya a Mach 8 al abandonar el lanzador podría ir a una fracción de esa velocidad cuando llegue a la meta. Incluso a Mach 8, el disco probablemente no pasaría a través del cuerpo del portero. En vez de eso, estallaría por el impacto con la potencia de un petardo grande o un cartucho de dinamita pequeño.

---

1 Aunque utiliza hidrógeno en vez de aire, y cuando te sacas un ojo, te lo sacas de verdad.

Si eres como yo, cuando has visto por primera vez esta pregunta puede que te hayas imaginado el disco saliendo de un agujero en forma de disco de hockey al estilo de los dibujos animados. Pero eso es porque nuestra intuición sobre cómo reaccionan los materiales a altas velocidades es deficiente.

En su lugar, otra representación mental sería más certera: imagina que tiras un tomate maduro (lo más fuerte que puedas) contra una tarta.

Eso es más o menos lo que pasaría.

Resfriado común

P. Si todas las personas del planeta se mantuvieran alejadas unas de otras durante un par de semanas, ¿no se erradicaría el resfriado común?

Sarah Ewart

R. ¿Merecería la pena?

El resfriado común lo causan diversos virus[1], pero los rinovirus son los culpables más habituales[2]. Estos virus se apoderan de las células de tu nariz y tu garganta y las utilizan para producir más virus. Unos días después, tu sistema inmunológico se da cuenta y los destruye[3], pero no antes de que infectes, de media, a otra

---

1 «Viruses» se utiliza ocasionalmente, pero es incorrecto.

2 Cualquier infección en las vías respiratorias altas puede ser la causa del «resfriado común».

3 La respuesta inmunológica es de hecho la causa de los síntomas, no el propio virus.

persona[4]. Después de combatir la infección, eres inmune a esa cepa de virus en particular, una inmunidad que dura años.

Si Sarah nos pusiera a todos en cuarentena, los virus del resfriado que portamos no tendrían nuevos huéspedes a los que acudir. ¿Podrían nuestros sistemas inmunológicos erradicar todas las copias del virus?

Antes de contestar a la pregunta, consideremos las consecuencias prácticas de este tipo de cuarentena. La producción económica mundial total anual ronda los 80 billones de dólares, lo que sugiere que interrumpir toda la actividad económica durante unas semanas podría costarnos muchos billones de dólares. El impacto en el sistema de la «pausa» mundial podría causar fácilmente un colapso económico global.

El total de reservas alimentarias mundiales es probablemente lo bastante grande para cubrirnos durante cuatro o cinco semanas de cuarentena, pero la comida tendría que fraccionarse en partes iguales por adelantado. Francamente, no estoy seguro de lo que haría yo solo en medio del campo con una reserva de cereales para 20 días.

---

4 Matemáticamente, esto debe ser cierto. Si la media fuese menos de una, el virus se extinguiría. Si fuera más de una, al final todo el mundo estaría resfriado todo el tiempo.

Entonces... ¿me como esto?

Una cuarentena global suscita otra pregunta: ¿a cuánta distancia nos podemos realmente separar unos de otros? El mundo es grande, pero hay un montón de gente.

Si dividimos la superficie terrestre en partes iguales, hay sitio de sobra para que todos nosotros tengamos algo más de 2 hectáreas cada uno, con la persona más cercana a 77 metros de distancia.

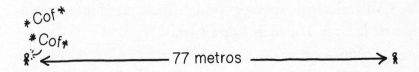

Aunque 77 metros probablemente sean una separación suficiente para bloquear la transmisión de rinovirus, esa separación nos saldría cara. Gran parte de la superficie terrestre no es agradable para pasar cinco semanas. A muchos de nosotros nos tocaría estar en el desierto del Sahara[5] o en la meseta Antártica[6].

Una solución más práctica (aunque no necesariamente más barata) sería darle a todo el mundo trajes NBQ. De esa

---

5 A 450 millones de personas.

6 A 650 millones de personas.

forma, podríamos deambular por ahí e interactuar, e incluso permitir que parte de la actividad económica continúe:

Pero dejemos a un lado si es práctico o no para abordar la pregunta exacta de Sarah: ¿funcionaría?

Para que me ayudara a averiguar la respuesta, hablé con el profesor Ian M. Mackay, un experto en virología del Centro Australiano de Investigación de Enfermedades Infecciosas de la Universidad de Queensland[7].

El doctor Mackay me explicó que esta idea era de hecho algo razonable desde un punto de vista puramente biológico. Dijo que los rinovirus, y otros virus respiratorios ARN, son completamente eliminados del organismo por el sistema inmunológico; no permanecen tras la infección. Es más, no parece que intercambiemos ningún rinovirus con los animales, lo que significa que no hay otras especies que puedan servir de reservorio de nuestros resfriados. Si los rinovirus no tienen suficientes humanos entre los que moverse, se extinguen.

De hecho hemos visto esta extinción viral en acción en poblaciones aisladas. Las islas remotas de San Kilda, en el

---

7 Primero intenté trasmitirle la pregunta a Cory Doctorow, de *Boing Boing*, pero me explicó pacientemente que él en realidad no es médico.

extremo noroeste de Escocia, acogieron a una población de unas 100 personas durante siglos. Las islas sólo eran visitadas por unos pocos barcos al año y sufrían un síndrome inusual llamado *cnatan-na-gall* o «tos del extranjero». Durante varios siglos, la tos arrasaba la isla como un reloj cada vez que llegaba un nuevo barco.

La causa exacta de los brotes se desconoce[8], pero probablemente los rinovirus eran responsables de muchos de ellos. Cada vez que un barco iba de visita, introducía nuevas cepas de virus. Estas cepas arrasaban las islas, infectando prácticamente a todo el mundo. Tras varias semanas, todos los residentes habían desarrollado inmunidad a esas cepas y, sin ningún lugar a donde ir, los virus se extinguían.

La misma limpieza viral tendría lugar, probablemente, en cualquier población pequeña aislada, por ejemplo, los supervivientes de un naufragio.

Siéntese a escuchar el relato de un viaje fatal en el que el capitán y su tripulación escaparon del goteo posnasal[9]

---

8 Los residentes de San Kilda identificaron correctamente a los barcos como el desencadenante de los brotes. Los expertos médicos de la época, sin embargo, descartaron estas afirmaciones y echaron la culpa de los brotes a que los isleños se quedaban a la intemperie a bajas temperaturas cada vez que llegaba un barco y a que celebraban la llegada de estos barcos bebiendo demasiado.

9 Es la versión en español de la popular serie *La isla de Gilligan*, emitida en Estados Unidos entre 1964 y 1967. (N. de la T.)

Si se aislara a todos los humanos los unos de los otros, el supuesto de San Kilda sucedería a escala de toda la especie. Una o dos semanas después, nuestros resfriados completarían su ciclo y nuestros sistemas inmunológicos tendrían tiempo de sobra para limpiar los virus.

Por desgracia, hay un obstáculo y es suficiente para armar todo el plan: no todos tenemos un sistema inmunológico sano.

En la mayoría de la gente, los rinovirus se eliminan completamente del organismo en unos diez días. El resultado es distinto para aquellos que tienen el sistema inmunológico gravemente debilitado. En los pacientes de trasplantes, por ejemplo, cuyos sistemas inmunológicos han sido suprimidos artificialmente, las infecciones comunes (incluidos los rinovirus) pueden durar semanas, meses o en algunas ocasiones hasta años.

Este pequeño grupo de personas inmunodeficientes serviría de puerto seguro para los rinovirus. Por lo tanto, la esperanza de erradicarlos es escasa: sólo necesitarían sobrevivir en unos pocos huéspedes para luego extenderse de nuevo y reconquistar el mundo.

Además de que probablemente causara el colapso de la civilización, el plan de Sarah no erradicaría los rinovirus[10]. Sin embargo, ¡puede que esto sea para bien!

Aunque los resfriados no son divertidos, su ausencia podría ser peor. En su libro *A Planet of Viruses*, el escritor Carl Zimmer dice que los niños que no están expuestos a rinovirus tienen más trastornos inmunológicos de adultos. Es posible que estas leves infecciones sirvan para entrenar y calibrar nuestros sistemas inmunológicos.

Por otra parte, los resfriados son una mierda. Y además de ser desagradables, algunos estudios dicen que las infecciones de estos virus también debilitan directamente nuestro sistema inmunológico y pueden dar lugar a infecciones más graves.

A pesar de eso, yo no me quedaría en mitad de un desierto durante cinco semanas para librarme de los resfriados para siempre. Pero si alguna vez sacan una vacuna contra los rinovirus, seré el primero en la cola.

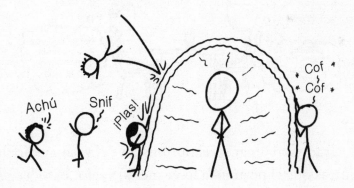

---

10 A no ser que nos quedemos sin comida durante la cuarentena y todos nos muramos de hambre; en ese caso, los rinovirus humanos morirían con nosotros.

Vaso medio vacío

P. ¿Y si un vaso de agua se quedara, de repente, literalmente medio vacío?

Vittorio Iacovella

R. El **PESIMISTA PROBABLEMENTE TENGA** más razón sobre lo que pasaría que el optimista.

Cuando la gente dice «vaso medio vacío», normalmente se refieren a un vaso que contiene agua y aire a partes iguales.

Tradicionalmente, el optimista ve el vaso medio lleno mientras que el pesimista lo ve medio vacío. Esto ha generado muchísimas variantes del chiste. Por ejemplo, el ingeniero ve un vaso que es el doble de grande de lo que debería, el surrealista ve una jirafa comiéndose una corbata, etcétera.

Pero ¿y si la mitad vacía del vaso estuviese realmente vacía, un vacío[1]? Sin duda, el vacío no duraría mucho. Sin embargo, lo que pasa exactamente dependerá de una pregunta clave que normalmente nadie se molesta en plantear: ¿qué mitad está vacía?

Para nuestro supuesto, imaginaremos tres vasos medio vacíos distintos y observaremos lo que les pasa microsegundo a microsegundo.

El del centro es el típico vaso con aire y agua. El de la derecha es un vaso como el típico, excepto que el aire es reemplazado por un vacío. El vaso de la izquierda está medio lleno de agua y medio vacío…, pero es la mitad inferior la que está vacía.

Nos imaginaremos que los vacíos aparecen en un tiempo $t = 0$.

Durante el primer puñado de microsegundos no pasa nada. En esta escala de tiempo, incluso las moléculas de aire están casi estacionarias.

---

1 Ni siquiera se puede decir que un vacío esté verdaderamente vacío, pero esa es una cuestión de semántica cuántica.

Generalmente, las moléculas de aire zangolotean a velocidades de unos cuantos cientos de metros por segundo. Pero en un momento dado sucede que algunas se mueven más rápido que otras. Las más rápidas se mueven a más de 1,000 metros por segundo. Estas son las primeras en caer en el vacío del vaso de la derecha.

El vacío de la izquierda está rodeado de barreras, de manera que las moléculas de aire no pueden meterse fácilmente. El agua, al ser un líquido, no se expande para llenar el vacío de la misma forma en que lo hace el aire. Sin embargo, en el vacío de los vasos sí que empieza a hervir y suelta lentamente vapor de agua hacia el espacio vacío.

Aunque el agua de la superficie de ambos vasos empieza a reducirse por ebullición, en de la derecha el aire que entra a toda prisa detiene ese proceso antes de que empiece. El vaso de la izquierda sigue llenándose de un ligero rocío de vapor de agua.

Unos cuantos microsegundos después, el aire que se mete en el vaso de la derecha llena completamente el vacío y choca contra la superficie del agua, mandando una ola de presión a través del líquido. Los lados del vaso se abomban ligeramente, pero contienen la presión y no se rompen. Una onda sísmica reverbera a través del agua y vuelve al aire, donde se une a la turbulencia ya existente.

La onda sísmica del colapso provocado del vacío tarda aproximadamente un milisegundo en extenderse a los otros dos vasos. Tanto el vaso como el agua se doblan ligeramente cuando la onda pasa a través de ellos. En unos cuantos milisegundos más, llega a los oídos humanos como un fuerte estallido.

Alrededor de este momento, el vaso de la izquierda empieza a elevarse visiblemente en el aire.

La presión del aire intenta mantener unidos el vaso y el agua. Esta es la fuerza que consideramos succión. El vacío de

la derecha no ha durado lo suficiente como para que la succión eleve el vaso, pero como el aire no puede meterse en el vacío de la izquierda, el vaso y el agua empiezan a deslizarle el uno hacia el otro.

El agua hirviendo ha llenado el vacío de una cantidad muy pequeña de vapor de agua. Mientras el espacio se reduce, la acumulación de vapor de agua incrementa lentamente la presión sobre la superficie del agua. Al final, esto frenará la ebullición, igual que lo haría una presión de aire más alta.

Sin embargo, el vaso y el agua ahora se mueven demasiado rápido como para que importe la acumulación de vapor. Menos de 10 milisegundos después de que empezara a contar el tiempo, vuelan el uno hacia el otro a varios metros por segundo. Sin un cojín de aire entre ellos (sólo unas briznas de vapor) el agua golpea el fondo del vaso como un martillo.

El agua está muy cerca de no poderse comprimir, así que el impacto no se extiende en el tiempo y llega en forma de una sola e intensa sacudida. La fuerza momentánea sobre el vaso es inmensa y se rompe.

Este efecto «golpe de ariete» (que también es el responsable de los ruidos sordos que se escuchan a veces en las tuberías viejas al abrir el grifo) puede verse en el famoso truco de golpear la parte superior de una botella para reventar la parte de abajo.

Cuando se golpea la botella, se empuja repentinamente hacia abajo. El líquido de su interior no responde a la succión (presión de aire) de inmediato, igual que en nuestro supuesto, y se abre brevemente un hueco. Es un pequeño vacío, de unas pocas fracciones de centímetro de grosor, pero cuando se cierra, el impacto rompe la base de la botella.

En nuestra situación, las fuerzas serían más que suficientes para destruir hasta el más resistente de los vasos.

La base es arrastrada hacia abajo por el agua y choca contra la mesa. El agua salpica y lanza gotas y trozos de cristal en todas direcciones.

Mientras tanto, la parte superior separada del vaso continúa elevándose.

Tras medio segundo, los observadores, al escuchar un pequeño estallido, han empezado a encogerse. Levantan la cabeza involuntariamente para seguir el movimiento ascendente del vaso.

El vaso tiene la velocidad justa para estrellarse contra el techo y romperse en pedazos…

… Estos, como ya han aprovechado su momento, ahora vuelven a la mesa.

La lección: si el optimista dice que el vaso está medio lleno y el pesimista dice que está medio vacío, el físico agacha la cabeza.

Preguntas extrañas (y preocupantes) de la bandeja de entrada de *¿Qué pasaría si...?* (5)

P. Si el calentamiento global nos pone en peligro por el aumento de la temperatura y los supervolcanes nos ponen en peligro de enfriamiento global, ¿no deberían esos dos peligros anularse mutuamente?

FLORIAN SEIDL-SCHULZ

P. ¿A qué velocidad tiene que correr un humano para ser cortado por la mitad a la altura del ombligo con un hilo para cortar queso?

JON MERRILL

Astrónomos extraterrestres

P. Supongamos que hay vida en el exoplaneta habitable más cercano y que tienen una tecnología comparable a la nuestra. Si mirasen a nuestra estrella en este momento, ¿qué verían?

Chuck H.

R.

Intentemos dar una respuesta más completa. Empezaremos por...

Transmisiones por radio

La película *Contact* popularizó la idea de los que extraterrestres escuchan nuestros medios de radiodifusión a escondidas. Por desgracia, hay muy pocas probabilidades de que sea así.

Aquí está el problema: el espacio es muy grande.

Puedes estudiar la física de la atenuación interestelar de la señal de radio[1], pero el problema se resume bastante bien si consideras los aspectos económicos de la situación: si tus señales de televisión llegan a otra estrella, están tirando el dinero. Alimentar un transmisor es caro y las criaturas de otras estrellas no compran los productos de los anuncios que pagan tu factura de electricidad.

La situación completa es más complicada, pero la conclusión es que cuanto más mejora nuestra tecnología menos tráfico radiofónico se filtra al espacio. Estamos cerrando las gigantescas antenas transmisoras y pasándonos al cable, la fibra y las altamente enfocadas redes de antenas de telefonía móvil.

Aunque nuestras señales de televisión pueden haber sido detectables (con un gran esfuerzo) durante un tiempo, esa ventana se está cerrando. Incluso a finales del siglo xx, cuando utilizábamos la radio y la televisión para gritar al vacío a pleno pulmón, probablemente la señal se desvanecía y se volvía indetectable unos cuantos años luz más tarde. Los exoplanetas potencialmente habitables que hemos localizado hasta ahora se encuentran a decenas de años luz de distancia,

---

1 O sea, si quieres.

así que lo más probable es que ahora mismo no estén repitiendo nuestras muletillas[2].

Pero de todas formas las transmisiones de radio y televisión no eran las señales de radio más potentes de la tierra. Fueron eclipsadas por los haces del radar de detección temprana.

El radar de detección temprana, producto de la Guerra Fría, consistía en un montón de estaciones terrestres y aerotransportadas esparcidas por el Ártico. Estas estaciones barrían la atmósfera con poderosos haces de radar las 24 horas del día, los 7 días de la semana, que a menudo rebotaban contra la ionosfera, y la gente monitoreaba los ecos en busca de cualquier pista de movimiento enemigo[3].

Estas transmisiones de radar se filtraban al espacio y probablemente podían ser captadas por exoplanetas cercanos si resultaban estar escuchando cuando el haz barría sobre su parte del cielo. Pero el mismo ritmo de progreso tecnológico que dejo obsoletas las torres de televisión ha tenido igual efecto en el radar de detección temprana. Los sistemas de hoy en día, donde aún existen, son mucho más silenciosos y puede que con el tiempo sean reemplazados por nuevas tecnologías.

La señal de radio más potente de la tierra es el haz del radiotelescopio de Are-

Señor, el enemigo ha lanzado un misil.

¿Cómo lo sabe?

Twitter.

---

2 A pesar de lo que digan ciertos webcómics poco fiables.

3 Yo no había nacido durante la mayor parte de este periodo, pero, por lo que he oído, los ánimos estaban tensos.

cibo. Esta gigantesca antena de Puerto Rico puede funcionar como un transmisor de radar y emitir una señal que rebota en objetivos cercanos, como Mercurio y el cinturón de asteroides. Es básicamente una linterna con la que iluminamos planetas para verlos mejor. (Esto es tan descabellado como suena).

Sin embargo, sólo transmite de vez en cuando, y con un haz estrecho. Si por casualidad el haz pillara a un exoplaneta y tuvieran la suerte de tener una antena receptora apuntando a nuestro rincón del cielo en ese momento, todo lo que captarían sería un breve impulso de energía de radio y luego silencio[4].

De modo que los hipotéticos extraterrestres que miran a la Tierra no nos captarían con sus antenas de radio.

Pero también hay...

Luz visible

Esto es más prometedor. El Sol es muy brillante y su luz ilumina la Tierra. Parte de esa luz se refleja de vuelta al espacio como el «albedo de la Tierra». Parte de ella pasa rozando nuestro planeta y atraviesa nuestra atmósfera antes de continuar hacia las estrellas. Estos dos efectos podrían ser potencialmente detectados desde un exoplaneta.

No te diría nada sobre los humanos directamente, pero si observaras la Tierra el tiempo suficiente, podrías averiguar muchas cosas sobre nuestra atmósfera por la reflectividad. Probablemente podrías averiguar qué aspecto tiene nuestro

---

4 Que es exactamente lo que vimos una vez, en 1977. La fuente de esta señal (llamada la «Señal Wow») no ha sido identificada.

ciclo hidrológico y nuestra atmósfera rica en oxígeno te daría una pista de que pasa algo raro.

Así que al final la señal más clara desde la Tierra no sería nuestra en absoluto. Puede que fuese de las algas que llevan terraformando el planeta, y alterando las señales que mandamos al espacio, miles de millones de años.

¡Hola! ¡Somos humanos!

¡Ah, sí! Las algas nos han hablado de ustedes.

¿De verdad? ¿Y qué les han dicho?

Eeeh..., nada.

¡Uy!, mira qué hora es. Nos tenemos que ir.

Por supuesto, si quisiéramos mandar una señal más clara, podríamos. Una transmisión de radio tiene el problema de que tienen que estar prestando atención cuando llegue.

Sin embargo, podríamos hacerles prestar atención. Con propulsores iónicos, propulsión nuclear o simplemente un uso inteligente del pozo gravitatorio del Sol, probablemente podríamos mandar una sonda fuera del sistema solar lo bastante rápido como para alcanzar una estrella cercana en unas cuantas docenas de milenios. Si conseguimos averiguar cómo construir un sistema de guía que sobreviva al viaje (que sería difícil), podríamos utilizarlo para dirigirla a cualquier planeta habitado.

Para aterrizar de una forma segura, tendríamos que reducir la velocidad. Pero reducir la velocidad consume aún más combustible. Y, oye, el objetivo de esto era que nos vieran, ¿verdad?

Entonces tal vez, si esos extraterrestres miraran hacia nuestro sistema solar, esto es lo que verían:

No más ADN

P. Esto quizás sea un poco escabroso, pero… si el ADN de alguien desapareciera de repente, ¿cuánto duraría esa persona?

NINA CHAREST

R. SI PERDIERAS TU ADN, pesarías aproximadamente 150 gramos menos al instante.

Perder 150 gramos

No recomiendo esta estrategia. Hay formas más fáciles de perder 150 gramos, como:

- Quitarte la camiseta.
- Hacer pis.
- Cortarte el pelo (si lo tienes muy largo).
- Donar sangre, si pones una pinza en la vía intravenosa una vez que hayan extraído 150 ml y te niegas a que te saquen más.
- Sostener un globo de 90 centímetros de diámetro lleno de helio.
- Arrancarte los dedos.

También perderás 150 gramos si haces un viaje desde las regiones polares a los trópicos. Esto sucede por dos razones: una, la Tierra tiene esta forma:

Tierra

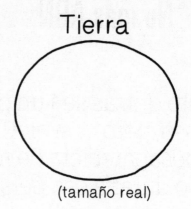

(tamaño real)

Si te encuentras en el polo norte, estás 20 kilómetros más cerca del centro de la Tierra que si estás en el ecuador y notas con más intensidad la fuerza de la gravedad.

Además, si estás en el ecuador, estás siendo lanzado hacia fuera por la fuerza centrífuga[1].

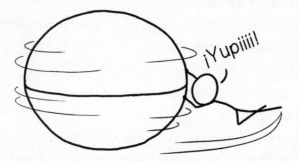

¡Yupiiii!

El resultado de estos dos fenómenos es que, si te mueves entre las regiones polares y las ecuatoriales, puedes perder o ganar hasta media centésima de tu peso corporal.

La razón por la que me centro en el peso es porque si tu ADN desapareciera, la pérdida física de la materia podría

---

1 Sí, «centrífuga». ¿Quieres pelea?

no ser lo primero que notaras. Es posible que sintieras algo, una pequeña y uniforme onda sísmica cuando todas las células se contrajeran ligeramente, pero puede que no.

Si estuvieras de pie cuando perdieras tu ADN, puede que experimentaras una ligera sacudida. Cuando estás de pie, tus músculos están trabajando constantemente para mantenerte erguido. La fuerza que ejercen esas fibras musculares no cambiaría, pero la masa que están estirando, tus extremidades, sí. Como $F = ma$, varias partes del cuerpo acelerarían ligeramente.

Después de eso, probablemente te sentirías bastante normal.

Durante un rato.

Ángel destructor

Nadie ha perdido nunca todo su ADN[2], así que no podemos decir con seguridad cuál sería la secuencia de consecuencias médicas. Pero, para hacernos una idea de cómo podría ser, recurramos a las intoxicaciones por hongos.

Cantidad de miedo que da el nombre

Ángel destructor

Tormenta de difusión

Bacteria necrosante

Síndrome de Kessler

Núcleo del demonio

Bomba calorimétrica

Gripe aviar

Gas mostaza

Pelota nuclear

Situación crítica

Licuefacción de suelo

Bacteria asesina

Plaga gris

Cantidad de miedo que da la cosa a la que se refiere el nombre

2 No tengo una cita para documentar esto, pero creo que nos habríamos enterado.

La *Amanita bisporigera* es una especie de hongo que se encuentra en el este de Norteamérica. Junto con las especies de la misma familia de América y Europa, es conocida con el nombre común de ángel destructor.

El ángel destructor es una seta pequeña, amarilla y de aspecto inofensivo. Si eres como yo, te dijeron que nunca te comieras las setas que encontrabas en el bosque. La *Amanita* es la razón[3].

Si te comes un ángel destructor, durante el resto del día te sentirás bien. Más tarde, esa misma noche o a la mañana siguiente, empezarás a mostrar síntomas parecidos a los del cólera: vómitos, dolor abdominal y diarrea aguda. Luego empezarás a encontrarte mejor.

En el momento en que empiezas a sentirte mejor, el daño es probablemente irreparable. Las setas *Amanita* contienen amatoxina, que se adhiere a una enzima que se utiliza para leer información del ADN. Coarta a la enzima e interrumpe eficazmente el proceso mediante el cual las células siguen las instrucciones del ADN.

La amatoxina causa daños irreparables a cualquier célula que recoja. Como la mayoría de tu cuerpo está hecho de células[4], esto es malo. La causa de la muerte es generalmente insuficiencia hepática o renal, ya que esos son los primeros órganos sensibles en los que se acumula la toxina. En ocasiones

---

3 Hay varios miembros del género Amanita llamados «ángel destructor» y, junto con otra Amanita llamada «hongo de la muerte», son responsables de la gran mayoría de las intoxicaciones fatales por ingerir setas.

4 Cita: le pedí a un amigo tuyo que se metiera en tu habitación con un microscopio mientras dormías y lo comprobara.

los cuidados intensivos y un trasplante de hígado pueden ser suficientes para salvar a un paciente, pero un porcentaje considerable de los que comen setas *Amanita* mueren.

Lo más aterrador de la intoxicación por *Amanita* es la fase de «fantasma andante», el periodo en el que pareces estar bien (o recuperándote), pero tus células están acumulando daños irreparables y letales.

Este patrón es típico de las lesiones del ADN y probablemente veríamos algo parecido en alguien que perdiera su ADN.

La imagen se ilustra de una forma más gráfica a través de otros dos ejemplos de lesiones del ADN: la quimioterapia y la radiación.

Quimioterapia

Los fármacos de quimioterapia son instrumentos contundentes. Algunos están dirigidos con más precisión que otros, pero muchos simplemente interrumpen la división celular en general. La razón de que esto mate selectivamente las células cancerígenas, en vez de causar daños al paciente y al cáncer por igual, es que las células cancerígenas se dividen todo el tiempo, mientras que las células normales sólo lo hacen ocasionalmente.

Algunas células humanas sí que se dividen constantemente. Las que lo hacen más rápido son las células que se encuentran en la médula ósea, la fábrica que produce sangre.

La médula ósea también es primordial para el sistema inmunológico humano. Sin ella, perdemos la capacidad de producir glóbulos blancos y nuestro sistema inmunológico se colapsa. La quimioterapia causa daños en el sistema inmunológico, lo que hace a los pacientes con cáncer vulnerables a las infecciones aleatorias[5].

Hay otros tipos de células que se dividen rápidamente en el cuerpo. Nuestros folículos pilosos y el revestimiento del estómago también se dividen constantemente, lo que explica por qué la quimioterapia puede causar pérdida de cabello y náuseas.

La doxorrubicina, uno de los fármacos más comunes y más potentes usados en la quimioterapia, funciona uniendo segmentos de ADN al azar entre ellos para enredarlos. Esto es como echar Super Glue en un ovillo de lana: convierte al ADN en una maraña inservible[6]. Los efectos secundarios iniciales de la doxorrubicina, en los días siguientes al tratamiento, son náuseas, vómitos y diarrea, lo cual tiene sentido, ya que el fármaco mata células del tracto digestivo.

La pérdida del ADN causaría una muerte celular similar y probablemente unos síntomas similares.

---

5 Los inmunoestimulantes como el pegfilgrastim (Neulasta) hacen que las dosis frecuentes de quimioterapia sean más seguras. Estimulan la producción de glóbulos blancos engañando al cuerpo para que piense que tiene una masiva infección por E. coli que necesita combatir.

6 Aunque es un poco diferente: si echas Super Glue en un hilo de algodón, se prenderá fuego.

Radiación

Las grandes dosis de radiación gamma también causan lesiones del ADN; el envenenamiento por radiación probablemente sea el tipo de lesión de la vida real que más se parece al supuesto de Nina. Las células más sensibles a la radiación son, al igual que con la quimioterapia, las de la médula ósea, seguidas por las del tracto digestivo[7].

El envenenamiento por radiación, como la toxicidad de la seta ángel destructor, tiene un periodo latente, una fase de «fantasma andante». Este es el periodo durante el cual el cuerpo aún funciona, pero no puede sintetizar nuevas proteínas y el sistema inmunológico está al borde del colapso.

En casos de envenenamiento agudo por radiación, el colapso del sistema inmunológico es la principal causa de muerte. Sin suministro de glóbulos blancos, el cuerpo no puede combatir las infecciones y las bacterias comunes pueden meterse en el cuerpo y acampar a sus anchas.

El resultado final

Perder tu ADN muy probablemente daría como resultado dolor abdominal, náuseas, mareos, un rápido colapso del sistema inmunológico y muerte en cuestión de días u horas, bien por una rápida infección sistémica o por fallo multiorgánico.

---

7 Las dosis extremadamente altas de radiación matan a la gente rápidamente, pero no por lesiones del ADN. En vez de eso, disuelven físicamente la barrera hematoencefálica, lo que provoca una rápida muerte por hemorragia cerebral.

Por otra parte, habría al menos un lado bueno. Si acabamos en un futuro distópico en el que los gobiernos orwellianos recopilan nuestra información genética y la utilizan para seguirnos y controlarnos...

Pero ¡me gustan mis órganos!

Hemos encontrado muestras de piel en la escena del crimen, pero los test de ADN han dado negativo.

No. Negativo.

Oh, ¿ni una sola coincidencia?

... Serías invisible.

Cessna interplanetario

P. ¿Qué pasaría si intentaras volar con un avión normal sobre diferentes cuerpos del sistema solar?

GLEN CHIACCHIERI

R. ÉSTE ES NUESTRO AVIÓN[1]:

Depósitos de gasolina repletos
de baterías Li-Ion (5-10 minutos de tiempo
de funcionamiento)

Motor
eléctrico

Tenemos que utilizar un motor eléctrico porque los motores de gasolina sólo funcionan cerca de plantas verdes. En mundos sin plantas, el oxígeno no se queda en la atmósfera, se combina con otros elementos para formar cosas como dióxido de carbono y óxido. Las plantas deshacen esto volviendo a sacar el oxígeno y bombeándolo al aire. Los motores necesitan oxígeno en el aire para funcionar[2].

---

1 El Cessna 172 Skyhawk, probablemente el avión más común del mundo.

2 Además, nuestra gasolina está HECHA de plantas prehistóricas.

Éste es nuestro piloto:

Esto es lo que pasaría si nuestro avión fuera lanzado por encima de la superficie de los 32 cuerpos más grandes del sistema solar: en la mayoría de los casos, no hay atmósfera y el avión se caería directamente al suelo. Si fuera lanzado desde una altura de 1 kilómetro o menos, en algunos casos la colisión sería lo bastante lenta como para que el piloto sobreviviera, aunque el equipo de soporte vital probablemente no lo haría.

Hay nueve cuerpos con atmósfera en el sistema solar lo bastante densos como para importar: la Tierra (obviamente), Marte, Venus, los cuatro gigantes de gas, la luna Titán de Saturno y el Sol. Echemos un vistazo a lo que le pasaría a un avión en cada uno de ellos.

El Sol. Esto saldría tan bien como te estarás imaginando. Si el avión fuese liberado lo bastante cerca del Sol como para notar su atmósfera en lo más mínimo, se vaporizaría en menos de un segundo.

Marte. Para ver lo que le pasaría a nuestro avión en Marte, recurrimos al X-Plane.

X-Plane es el simulador de vuelo más avanzado del mundo. Producto de veinte años de obsesivo trabajo de un fanático de la aeronáutica[3] y su comunidad de apoyo, simula el flujo de

---

3 Que usa mucho las mayúsculas cuando habla de aviones.

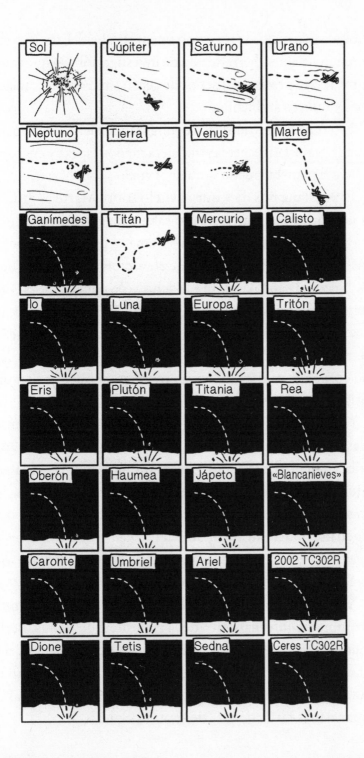

aire sobre cada pieza de un avión mientras vuela. Esto lo convierte en una valiosa herramienta de investigación, ya que puede simular con precisión diseños de aeronaves completamente nuevos y nuevos ambientes.

En concreto, si cambias la configuración del X-Plane para reducir la gravedad, hacer la atmósfera menos espesa y encoger el radio del planeta, puede simular el vuelo sobre Marte.

El X-Plane nos dice que el vuelo sobre Marte es difícil, pero no imposible. La NASA lo sabe y ha considerado inspeccionar Marte en avión. El problema es que con tan poca atmósfera, para conseguir algo de elevación tienes que ir deprisa. Necesitas aproximarte a Mach 1 sólo para despegar del suelo y, una vez que empiezas a moverte, tienes tanta inercia que es difícil cambiar el rumbo; si giras, tu avión rota, pero sigue moviéndose en la dirección original. El autor del X-Plane comparó pilotar un avión marciano con volar en un trasatlántico supersónico.

Nuestro Cessna 172 no estaría a la altura de las circunstancias. Si fuese lanzado desde 1 km de distancia, no alcanzaría la velocidad suficiente para remontar en una caída en picado y se estamparía contra el terreno marciano a más de 60 m/s (135 mph). Si se dejara caer desde una altura de 4 o 5 kilómetros, podría alcanzar suficiente velocidad como para empezar a planear, a más de la mitad de la velocidad del sonido. Sería imposible sobrevivir al aterrizaje.

Venus. Por desgracia, el X-Plane no es capaz de simular el ambiente infernal cerca de la superficie de Venus. Pero los cálculos físicos nos dan una idea de cómo sería el vuelo allí. La conclusión es: tu avión volaría bastante bien, salvo que estaría envuelto en llamas todo el tiempo, luego dejaría de volar y más tarde dejaría de ser un avión.

La atmósfera de Venus es más de 60 veces más densa que la de la Tierra. Es lo bastante espesa para que un Cessna que se mueva a velocidad de trote se eleve en el aire. Por desgracia, el aire está lo bastante caliente para derretir el plomo. La pintura empezaría a derretirse en segundos, las piezas del avión fallarían rápidamente y el avión planearía suavemente hasta al suelo deshaciéndose bajo el estrés térmico.

Una apuesta mucho mejor sería volar sobre las nubes. Mientras que la superficie de Venus es espantosa, su atmósfera superior es sorprendentemente parecida a la de la Tierra. A 55 kilómetros, un humano podría sobrevivir con una máscara de oxígeno y un traje protector de neopreno; el aire está a temperatura ambiente y la presión es similar a la de las montañas de la Tierra. Aun así necesitarías el traje de neopreno para protegerte del ácido sulfúrico[4].

El ácido no es divertido, pero resulta que la zona justo por encima de las nubes es un excelente ambiente para un avión, siempre que no tenga metal expuesto que pueda ser corroído por el ácido sulfúrico. Y que sea capaz de volar con constantes vientos huracanados de categoría 5, que es otra cosa que se me ha olvidado mencionar antes.

Venus es un lugar terrible.

Júpiter. Nuestro Cessna no podría volar en Júpiter: la gravedad es demasiado fuerte. La potencia necesaria para mantener el nivel de vuelo bajo la gravedad de Júpiter es tres veces mayor que en la Tierra. Partiendo de una agradable presión de nivel del mar, aceleraríamos a través de los vientos arremolinados hasta un planeo descendente a 275 m/s (600 mph) a más y

---

4 No lo estoy vendiendo bien, ¿verdad?

más profundidad por las capas de hielo de amoniaco y hielo de agua hasta que nosotros y el avión no pudiéramos más. No hay superficie en la que golpear; Júpiter cambia suavemente de gas a líquido mientras te hundes más y más profundamente.

Saturno. El panorama aquí es un poco más agradable que en Júpiter. La gravedad más débil (casi como la de la Tierra, de hecho) y una atmósfera ligeramente más densa (pero aún poco espesa) significan que podríamos llegar con dificultad un poco más lejos antes de rendirnos al frío o a los fuertes vientos y descender con la misma suerte que en Júpiter.

Urano. Urano es una esfera extraña, uniforme y azulada. Hay fuertes vientos y hace un frío gélido. Es el más agradable de los gigantes de gas para nuestro Cessna y probablemente podrías volar un ratito. Pero, dado que parece ser un planeta casi completamente insignificante, ¿para qué querrías hacerlo?

Neptuno. Si vas a volar alrededor de uno de los gigantes de hielo, yo probablemente te recomendaría Neptuno[5] antes que Urano. Al menos tiene algunas nubes que mirar antes de morir congelado o hacerte trizas en una turbulencia.

Titán. Hemos dejado el mejor para el final. En lo que a volar se refiere, Titán puede que sea mejor que la Tierra. Su atmósfera es espesa, pero su gravedad es ligera, lo que le da una presión de superficie sólo un 50 por ciento más alta que en la Tierra con un aire cuatro veces más denso. Su gravedad, menor que la de la Luna, implica que volar es fácil. Nuestro Cessna podría elevarse en el aire con energía de pedaleo.

De hecho, los humanos en Titán podrían volar con su fuerza muscular. Un humano en un ala delta podría despegar

---

5 Eslogan: «El que es un poco más azul».

y viajar cómodamente impulsándose con unas aletas de natación de gran tamaño o incluso despegar batiendo unas alas artificiales. Los requisitos de energía son mínimos, probablemente no habría que hacer mayor esfuerzo que al andar.

La dificultad (siempre hay alguna dificultad) es el frío. Titán está a 72 kelvin, que es más o menos la temperatura del nitrógeno líquido. A juzgar por algunas cifras de las necesidades de calefacción de aeronaves ligeras, calculo que la cabina de un Cessna en Titán probablemente se enfriaría unos 2 grados por minuto.

Las baterías ayudarían a mantenerse calientes durante un rato, pero al final la nave se quedaría sin calor y se estrellaría. La sonda Huygens, que descendió con las baterías casi gastadas e hizo unas fotos fascinantes mientras caía, sucumbió al frío después de sólo unas pocas horas en la superficie. Le dio tiempo para mandar una sola foto después de aterrizar, la única que tenemos desde la superficie de un cuerpo más allá de Marte.

Si los humanos se pusieran alas artificiales para volar, nos podríamos convertir en la versión titaniana de la historia de Ícaro: nuestras alas se podrían congelar, romperse en pedazos y mandarnos dando vueltas a la muerte.

Pero nunca he considerado la historia de Ícaro una lección sobre las limitaciones de los humanos. La veo como una lección sobre las limitaciones de la cera como adhesivo. El frío de Titán es sólo un problema de ingeniería. Con las reparaciones oportunas y las fuentes de calor adecuadas, un Cessna 172 podría volar en Titán y nosotros también.

Preguntas extrañas (y preocupantes) de la bandeja de entrada de *¿Qué pasaría si...?* (6)

P. ¿Cuál es el valor nutricional total (calorías, grasas, vitaminas, minerales, etcétera) del cuerpo humano medio?

JUSTIN RISNER

... Necesito saberlo para el viernes.

¡Silencio! Ahí viene.

P. ¿A qué temperatura tendría que estar una motosierra (u otra herramienta de corte) para cauterizar instantáneamente las heridas que inflige?

SYLVIA GALLAGHER

... Necesito saberlo para el viernes.

Yoda

P. ¿Cuánta energía puede generar Yoda con la Fuerza?

RYAN FINNIE

R. **VOY A PRESCINDIR DE LAS *PRECUELAS,*** por supuesto.

La mayor demostración de potencia bruta en la trilogía original tuvo lugar cuando sacó el Ala-X de Luke del pantano. En lo que se refiere a mover físicamente objetos, ese fue indudablemente el mayor gasto de energía mediante la Fuerza que le vimos hacer a nadie en la trilogía.

La energía necesaria para elevar un objeto a una determinada altura es igual a la masa del objeto por la fuerza de gravedad por la altura a la que se eleva. La escena del Ala-X nos permite utilizar esto para poner un límite inferior al pico de producción de energía de Yoda.

Primero necesitamos saber lo que pesaba la nave. La masa del Ala-X nunca ha sido especificada exactamente, pero su longitud sí: 12.5 metros. Un F-22 mide 19 metros y pesa

19,700 kg, así que, si lo reducimos proporcionalmente, nos da una estimación para el Ala-X de unas 12,000 libras (5 toneladas métricas).

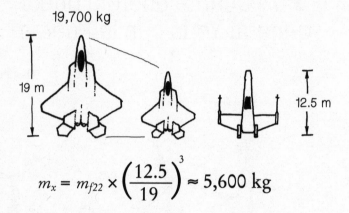

$$m_x = m_{f22} \times \left(\frac{12.5}{19}\right)^3 \approx 5{,}600 \text{ kg}$$

A continuación necesitamos saber la velocidad a la que se elevó. He revisado el metraje de la escena y he cronometrado el régimen de ascenso mientras salía del agua.

La riostra delantera del tren de aterrizaje sale del agua en unos tres segundos y medio, y he estimado que esta mide 1.4 metros de largo (me he basado en una escena de *Una nueva esperanza* en la que un miembro de la tripulación se apretuja para pasar a su lado), lo que significa que el Ala-X se elevaba a 0.39 m/s.

Por último, necesitamos saber la fuerza de la gravedad en Dagobah. Aquí me imagino que estoy en un callejón sin salida, porque, aunque los fans de la ciencia ficción son obsesivos, no creo que vaya a haber un catálogo de características geográficas sin importancia de cada uno de los planetas que aparecen en *La guerra de las galaxias*. ¿Verdad?

No. He subestimado a los fans. Wookieepeedia tiene ese catálogo. Este nos informa de que la gravedad en la superficie de Dagobah es de 0.9 g. Si combinamos este dato con la masa del Ala-X y el régimen de ascenso, obtenemos nuestro pico de producción de energía:

$$\frac{5.600 \text{ kg x } 0{,}9 \text{ g x } 1{,}4 \text{ metros}}{3{,}6 \text{ segundos}} = 19{,}2 \text{ kW}$$

Eso es suficiente energía para abastecer a una manzana de viviendas en un barrio periférico de una ciudad. También equivale a unos 25 caballos de potencia, que es más o menos la potencia del motor del modelo eléctrico del Smart.

Según los precios actuales de la electricidad, Yoda valdría unos 2 dólares por hora.

Pero la telequinesis es sólo un tipo de energía de la Fuerza. ¿Y el rayo que utilizó el Emperador para atacar a Luke? Su naturaleza física nunca ha sido aclarada, pero las bobinas de Tesla que producen efectos de apariencia similar generan alrededor de 10 kilowatts, lo que pondría al Emperador prácticamente a la par con Yoda. (Esas bobinas de Tesla suelen utilizar montones de pulsaciones muy cortas. Si el Emperador mantiene un arco continuo, como el de una soldadora con arco eléctrico, la energía bien podría estar en megawatts).

¿Y qué hay de Luke? Examiné la escena en la que utiliza sus emergentes poderes de la Fuerza para sacar su sable láser de la nieve. Las cifras exactas son más difíciles de calcular en este caso, pero lo revisé cuadro a cuadro y obtuve una estimación de 400 vatios como pico de producción. Esto es una pequeña parte de los 16 kW de Yoda y además sólo lo mantuvo una fracción de segundo.

Así que Yoda parece nuestra mejor apuesta como fuente de energía. Pero con el consumo de electricidad mundial rayando en los 2 terawatts, harían falta cien millones de Yodas para satisfacer nuestra demanda. En cualquier caso, pasarse a la energía Yoda probablemente no merezca la pena, aunque no hay duda de que sería verde.

Estados sobrevolados

P. ¿Qué estado de Estados Unidos es el que más se sobrevuela?

JESSE RUDERMAN

R. CUANDO LA GENTE HABLA de «estados sobrevolados» suele referirse a los grandes estados con forma cuadrada del oeste de Estados Unidos que se atraviesan cuando se vuela entre Nueva York, Los Ángeles y Chicago, pero sin aterrizar en ellos.

Pero ¿cuál es realmente el estado sobre el que vuela un mayor número de aviones? Hay muchos vuelos a lo largo de la costa este del país, por lo que es lógico suponer que la gente sobrevuela más Nueva York que Wyoming.

Para ver cuáles son los estados más sobrevolados eché un vistazo a más de 10,000 rutas aéreas con el fin de determinar qué estados atravesaba cada vuelo.

Sorprendentemente, el estado que sobrevuela el mayor número de aviones —sin despegar ni aterrizar— es...

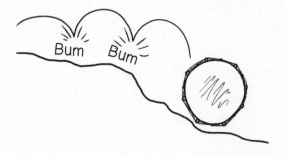

... Virginia.

La respuesta me sorprendió, porque yo crecí en Virginia y desde luego que nunca lo consideré un «estado sobrevolado».

Es sorprendente, porque Virginia tiene varios aeropuertos principales, dos de los cuales prestan servicios a DC: DCA/Reagan e IAD/Dulles.

A continuación muestro un mapa con los estados de Estados Unidos coloreados según el número diario de aviones que los sobrevuelan:

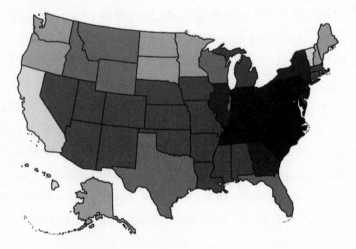

Justo después de Virginia están Maryland, Carolina del Norte y Pensilvania.

Estos estados se sobrevuelan considerablemente más que cualquier otro.

Entonces ¿por qué Virginia?

Hay una serie de factores, pero uno de los más importantes es el aeropuerto internacional de Atlanta Hartsfield-Jackson.

El aeropuerto de Atlanta es el más concurrido del mundo, con más pasajeros y vuelos que Tokio, Londres, Beijing, Chicago o Los Ángeles. Es el aeropuerto principal de la aerolínea Delta —hasta hace poco la aerolínea más grande del mundo—, lo que significa que los pasajeros que vuelen con Delta suelen hacer conexión en Atlanta.

Debido al gran número de vuelos desde Atlanta al noreste de Estados Unidos, el 20 por ciento de todos ellos cruza Virginia y el 25 por ciento atraviesa Carolina del Norte, lo que contribuye de manera sustancial a la cifra total de vuelos de esos dos estados.

Sin embargo, Atlanta no es la mayor responsable de los vuelos sobre Virginia. El aeropuerto que cuenta con más vuelos sobre Virginia fue una sorpresa para mí.

El aeropuerto internacional Toronto Pearson (YYZ) no aparenta ser una gran fuente de vuelos que crucen Virginia, pero sin embargo este aeropuerto, que es el más grande de Canadá, aporta más vuelos sobre Virginia que el JFK y La Guardia de Nueva York juntos.

En parte, la preponderancia de Toronto se debe a que tiene muchos vuelos al Caribe y a Sudamérica, los cuales cruzan el espacio aéreo estadounidense rumbo a sus destinos[1]. Además de Virginia, Toronto también es la fuente principal de vuelos sobre Virginia Occidental, Pensilvania y Nueva York.

Este mapa muestra qué aeropuerto genera más vuelos sobre cada estado:

Estados sobrevolados por ratio

Otra definición posible de «estado sobrevolado» es el estado por el que pasan más vuelos en lugar de al que se dirigen. De acuerdo con este criterio, los estados más sobrevolados son, en su mayoría, los menos densamente poblados. Entre los diez primeros se incluyen, como era de esperar, Wyoming, Alaska, Montana, Idaho y las Dakotas.

---

1 Ayuda el hecho de que Canadá, a diferencia de Estados Unidos, tiene muchos vuelos comerciales a Cuba.

Sin embargo, el estado con mayor ratio de vuelos según esta definición es una sorpresa: Delaware.

Si profundizas un poco, la razón resulta muy clara: Delaware no tiene aeropuertos.

Ahora bien, eso no es del todo cierto. Delaware tiene varios aeródromos, entre los que se incluyen Dover Air Force Base (DOV) y New Castle Airport (ILG). Este último es el único que realmente se puede calificar de aeropuerto comercial, pero después de que la aerolínea Skybus cerrara en 2008 el aeropuerto ya no tiene aerolíneas operando para él[2].

Estado menos sobrevolado

El estado menos sobrevolado es Hawai, lo que tiene sentido, ya que consiste en un conjunto de islas diminutas en medio del océano más grande del mundo. Es decir, tienes que esforzarte mucho para atinar. De los 49 estados que no son islas[3], el menos sobrevolado es California. Esto me sorprendió, puesto que California es un territorio largo y estrecho y da la sensación de que muchos vuelos que cruzan el Pacífico necesitan sobrevolarla.

Sin embargo, desde que aviones civiles cargados de combustible fueron utilizados como misiles el 11-S, la Administración Federal de Aviación ha tratado de limitar el número de vuelos cargados de combustible que atraviesan Estados Unidos, por lo que la mayor parte de los viajeros internacio-

---

2 Esto cambió en 2013, cuando Frontier Airlines empezó a utilizar una ruta entre el aeropuerto de New Castle y Fort Myers (Florida). Esto no estaba incluido en mis datos, por lo que es posible que Frontier haga descender a Delaware de su posición en la lista.

3 Estoy incluyendo Rhode Island, aunque parezca incorrecto.

nales que podrían sobrevolar California en vez de eso hacen escala en uno de sus aeropuertos.

Estados volados por debajo

Por último, intentemos responder a una pregunta un poco más extraña: ¿cuál es el estado más volado por debajo? Es decir, ¿qué estado cuenta en el lado opuesto de la Tierra con más vuelos que pasan justo debajo de su territorio?

La respuesta resulta ser Hawai.

La razón por la cual un estado tan pequeño es el ganador de esta categoría es que la mayor parte de Estados Unidos está en las antípodas del océano Índico, el cual tiene muy pocos vuelos comerciales sobrevolándolo. Hawai, en cambio, lo está de Botsuana, en África central. África no es sobrevolada por un gran número de aviones en comparación con la mayoría de los demás continentes, pero es suficiente para que Hawai obtenga el primer puesto.

Pobre Virginia

Para alguien que creció en Virginia es difícil aceptar que sea el estado más sobrevolado. Al menos, cuando vuelva a casa con mi familia trataré de acordarme —de vez en cuando— de mirar para arriba y saludar.

Si te encuentras en este momento en el vuelo 104 de Arik Air desde Johannesburgo (Sudáfrica) a Lagos (Nigeria) —servicio diario, el que sale a las 9.35 de la mañana—, acuérdate de mirar hacia abajo y decir: «¡Aloha!».

Descender con helio

P. ¿Qué pasaría si saltara de un avión con un par de tanques de helio y un globo enorme sin inflar y durante el descenso llenase el globo con el helio? ¿Cuánta distancia de descenso necesitaría para que el globo detuviera la caída lo suficiente para aterrizar de manera segura?

COLIN ROWE

R. POR MUY RIDÍCULO que pueda parecer, eso es —más o menos— factible.

Caer desde una gran altura es peligroso[cita requerida]. Un globo podría salvarte, aunque uno de helio de los que se usan en una fiesta obviamente no serviría de mucho.

Si el globo es lo bastante grande, ni siquiera necesitas el helio, ya que actuará como un paracaídas, deteniendo tu caída hasta una velocidad no mortal.

Evitar un aterrizaje a gran velocidad es, como era de esperar, la clave de la supervivencia. Tal y como explicaba un informe médico…

Es obvio que la velo-cidad, o la altura de caída, no es perjudicial en sí misma, pero un cambio acelerado de velocidad, tal y como ocurre después de una caída desde un edificio de diez plantas al suelo de hormigón, es otro tema.

... Lo que es una versión verborreica del viejo dicho: no es la caída lo que te mata, sino el golpe repentino al final.

Para que funcionara como un paracaídas, un globo lleno de aire —en vez de helio— tendría que ser de diez a veinte metros de ancho, demasiado grande para inflarse con tanques portátiles. Se podría usar un ventilador potente para llenarlo con aire ambiente, pero en ese caso mejor usar un paracaídas.

Helio

El helio facilita las cosas.

No se necesitan demasiados globos de helio para que una persona se eleve. En 1982 Larry Walters cruzó Los Ángeles volando en una silla de jardín alzada por globos sonda y llegó a alcanzar varias millas de altitud. Después de atravesar el espacio aéreo del aeropuerto internacional de Los Ángeles (LAX), explotó algunos de los globos disparándoles con una pistola de perdigones y descendió.

En cuanto Walter aterrizó, las autoridades lo arrestaron, aunque tuvieron problemas a la hora de decidir de qué le acusaban. En ese momento, un inspector de seguridad de la FAA declaró a *The New York Times:* «Sabemos que ha violado algún artículo de la Ley de Aviación Federal, por lo que en cuanto aclaremos cuál es se presentarán cargos de algún tipo contra él».

Un globo de helio relativamente pequeño —sin duda más pequeño que un paracaídas— bastará para detener tu caída, pero aun así tiene que ser enorme en relación con los globos que se usan en una fiesta. Los tanques de helio de alquiler son de unos 250 pies cúbicos (7 mil litros y pico) y necesitarías emplear por lo menos diez para contar con el gas necesario para que soporte tu peso.

Deberías hacerlo rápido. Los tanques de helio comprimido son lisos y suelen ser bastante pesados, lo que significa que tienen una alta velocidad terminal. Sólo tendrías unos minutos para consumir todos los cilindros (en cuanto vaciaras uno podrías tirarlo).

No puedes evitar este problema partiendo desde un punto más elevado. Tal y como aprendimos en el caso del filete, dado que la atmósfera superior es muy delgada, cualquier cosa que caiga de la estratosfera o desde más arriba acelerará a mucha velocidad hasta llegar a la atmósfera inferior y a continuación bajará lentamente el resto del camino. Esto es así para todo, desde pequeños meteoritos a Felix Baumgartner[1].

---

1 Cuando estaba investigando las velocidades de impacto para esta respuesta, encontré una discusión en la web Straight Dope Message Board sobre caídas desde alturas en las que puedes sobrevivir. Un participante comparaba las caídas desde las alturas con que te atropellara un autobús. Otro usuario, un médico forense, contestó que esa era una mala compara-

Pero si inflaras los globos rápidamente, posiblemente usando muchos tanques a la vez, podrías detener tu caída. Simplemente no utilices mucho helio o acabarás flotando a 5,000 metros, como Larry Walters.

Cuando investigaba esta respuesta, conseguí que mi copia del software Mathematica se bloqueara varias veces en las ecuaciones diferenciales relacionadas con globos. También me bloquearon mi dirección IP en Wolfram|Alpha por realizar demasiadas consultas. En el formulario de la reclamación, me pidieron que explicara la tarea que estaba realizando que requería tantas consultas. Yo escribí: «Calcular cuántos tanques de helio necesitarías para inflar un globo lo bastante grande para que actúe como paracaídas y puedas detener tu caída desde un avión a reacción».

Lo siento, Wolfram.

---

ción: «Cuando te atropella un coche, la gran mayoría de la gente no es arrollada, sino lo contrario. La parte inferior de las piernas se rompe y la persona se eleva por los aires. Normalmente suele golpear el cofre del coche, por lo general impacta con la nuca en el parabrisas, "resquebrajándolo", y posiblemente deje restos de pelo en el cristal. A continuación pasa por encima del coche, aunque con las piernas rotas, y quizá con dolor de cabeza debido al impacto no mortal contra el parabrisas. Muere cuando golpea el suelo, por la lesión de la cabeza».

Moraleja: no te metas con los médicos forenses. Al parecer son gente muy dura.

Todo el mundo fuera

P. ¿Hay suficiente energía para sacar a toda la población humana actual del planeta?

ADAM

R. **HAY UN MONTÓN DE PELÍCULAS** de ciencia ficción en las que, debido a la contaminación, la sobrepoblación o la guerra nuclear, la humanidad abandona la Tierra.

Pero elevar a la gente hasta el espacio es difícil. A menos que se reduzca la población de una forma masiva, ¿es físicamente posible lanzar a toda la población humana al espacio? No nos preocupemos siquiera de hacia dónde nos dirigiríamos, supongamos que no tenemos que buscar un nuevo hogar, pero no nos podemos quedar aquí.

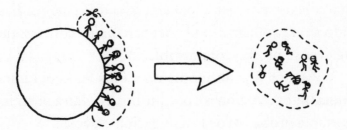

Para averiguar si esto es plausible, podemos empezar con un requisito mínimo de energía de referencia: 4 gigajoules por persona. No importa cómo lo hagamos, que usemos cohetes, un cañón, un ascensor espacial o una escalera: sacar a una persona de 65 kilogramos (o cualquier cosa de 65 kilogramos) del pozo gravitatorio de la Tierra requiere al menos esta cantidad de energía.

¿Cuánto son 4 gigajoules? Es más o menos un megawatts-hora, que es lo que un hogar estadounidense típico consume de electricidad en un mes o dos. Es igual a la cantidad de energía contenida en 90 kg de gasolina o una furgoneta de carga llena de pilas AA.

Si multiplicamos 4 gigajoules por 7,000 millones de personas, nos da $2,8 \times 10^{18}$ joules o petawatts-hora. Esto es aproximadamente el 5 por ciento del consumo anual de energía mundial. Mucho, pero no físicamente imposible.

Sin embargo, 4 gigajoules es sólo un mínimo. En la práctica, todo dependería de nuestro medio de transporte. Si usáramos cohetes, por ejemplo, haría falta más energía. Esto es debido a un problema fundamental con los cohetes: tienen que elevar su propio combustible.

Volvamos por un momento a esos 90 kilogramos de gasolina (unos 30 galones), porque nos ayudan a ilustrar este importante problema de la navegación espacial.

Si queremos lanzar una nave espacial de 65 kilogramos, necesitamos la energía de alrededor de 90 kilogramos de combustible. Cargamos ese combustible a bordo y ahora nuestra nave espacial pesa 155 kilogramos. Una nave espacial de 155 kilogramos requiere 215 kilogramos de gasolina, así que cargamos otros 125 kilogramos a bordo...

Por suerte, nos salvamos de caer un círculo vicioso, en el que añadimos 1.3 kilogramos por cada 1 kilogramo que añadimos, por el hecho de que no tenemos que cargar con ese combustible hasta arriba. Lo quemamos por el camino, de manera que cada vez pesamos menos, lo que significa que necesitamos menos combustible. Pero tenemos que elevar el combustible parte del camino. La fórmula para calcular cuánto propulsante necesitamos quemar para seguir moviéndonos a una velocidad determinada viene dada por la ecuación del cohete de Tsiolkovski:

$$\Delta v = v_{\text{gases de salida}} \ln \frac{m_{\text{inicial}}}{m_{\text{final}}}$$

Donde m_{inicial} y m_{final} son la masa total de la nave más el combustible antes y después de quemarlo y $v_{\text{gases de salida}}$ es la «velocidad de salida» del combustible, un número que está entre 2.5 y 4.5 km/s para el combustible de cohetes.

Lo que es importante es la proporción entre Δv, la velocidad a la que queremos viajar, y $v_{\text{gases de salida}}$, la velocidad a la que el propulsante sale de nuestro cohete. Para salir de la Tierra, necesitamos una Δv de más de 13 km/s, y la $v_{\text{gases de salida}}$ está limitada a unos 4.5 km/s, lo que nos da un índice combustible-nave de al menos e13/4.5 ≈ 20. Si ese índice es x, entonces para lanzar 1 kilogramo de nave necesitamos e^x kilogramos de combustible.

Conforme crece x, esta cantidad se hace muy grande.

La conclusión es que para vencer la gravedad de la Tierra utilizando combustibles para cohetes tradicionales, una nave de 1 tonelada necesita 20 o 50 toneladas de combustible. Lanzar a toda la humanidad (peso total: unos 400 millones de toneladas) requeriría por tanto decenas de billones de toneladas de combustible. Eso es mucho; si usáramos combustibles a base de hidrocarburos, representaría un buen pedazo de las reservas de petróleo que quedan en el mundo. Y eso sin ni siquiera preocuparnos del peso de la propia nave, la comida, el agua ni nuestras mascotas[1]. También necesitaríamos combustible para producir todas estas naves, para transportar a la gente a los lugares de lanzamiento, etcétera. No tiene por qué ser completamente imposible, pero sin duda está más allá del ámbito de la viabilidad.

Pero los cohetes no son nuestra única opción. Por descabellado que parezca, puede que nos fuera mejor si intentásemos (1) subir al espacio trepando literalmente por una cuerda o (2) hacer que saliéramos volando del planeta con armas nucleares. Estas son de hecho ideas serias, aunque audaces, de sistemas de lanzamiento y ambas han estado presentes desde el comienzo de la era espacial.

El primer enfoque es el concepto del «ascensor espacial», uno de los favoritos de los autores de ciencia ficción. La idea es

1 Hay probablemente alrededor de un millón de toneladas de perros mascotas sólo en Estados Unidos.

que conectemos una soga a un satélite en órbita lo bastante lejos como para que la soga se mantenga tensa por la fuerza centrífuga. Luego podemos mandar escaladores por la cuerda utilizando electricidad y motores corrientes alimentados con energía solar, generadores nucleares o lo que funcione mejor. El mayor obstáculo de ingeniería sería que la soga tendría que ser varias veces más fuerte que cualquier cosa que podamos construir actualmente. Hay esperanzas de que los materiales de nanotubos de carbono puedan proporcionar la resistencia necesaria, y esto se añade a la larga lista de problemas de ingeniería que se pueden olvidar añadiendo el prefijo «nano».

El segundo enfoque es la propulsión nuclear de pulso, un método sorprendentemente plausible para conseguir que enormes cantidades de material se muevan muy rápido. La idea básica es que tiras una bomba nuclear detrás de ti y te montas en la onda sísmica. Sería de esperar que la nave se vaporizara, pero resulta que, si lleva un escudo bien diseñado, la explosión se alejaría antes de que tenga la oportunidad de desintegrarse. Si pudiera llevarse a cabo de una forma lo bastante fiable, este sistema en teoría sería capaz de poner en órbita manzanas enteras de una ciudad y podría, potencialmente, alcanzar nuestro objetivo.

Los principios de ingeniería que hay detrás de esto se consideraron lo bastante sólidos para que en los años sesenta, bajo la dirección de Freeman Dyson, el Gobierno de Estados Unidos intentara de hecho construir una de estas naves espaciales. Lo que ocurrió con aquel intento, al que se llamó Proyecto Orión, se detalla en el excelente libro con el mismo nombre escrito por George, el hijo de Freeman. Los defensores de la propulsión nuclear de pulso siguen decepcionados porque el proyecto se cancelara antes de que se construyeran los prototipos. Otros argumentan que, si piensas en lo que intentaban hacer —poner un gigantesco arsenal nuclear en una caja, arrojarlo a la atmósfera y bombardearlo repetidamente—, lo terrible es que llegara tan lejos como lo hizo.

Así que la respuesta es que, aunque mandar a una persona al espacio es fácil, llevarnos allí a todos pondría al límite nuestros recursos y posiblemente destruiría el planeta. Es un pequeño paso para el hombre, pero un gran paso para la humanidad.

Preguntas extrañas (y preocupantes) de la bandeja de entrada de *¿Qué pasaría si...?* (7)

P. En *Thor* el protagonista en un momento dado gira su martillo tan rápido que crea un fuerte tornado. ¿Sería esto posible en la vida real?

DAVOR

NO.

P. Si ahorraras toda una vida de besos y utilizaras esa potencia de succión en un solo beso, ¿cuánta fuerza de succión tendría ese beso?

JONATAN LINDSTRÖM

P. ¿Cuántos misiles nucleares tendrían que lanzarse en Estados Unidos para convertirlo en un desierto baldío?

ANÓNIMO

Autofecundación

P. He leído que unos investigadores estaban intentando producir esperma a partir de células madre de la médula ósea. Si a una mujer le hicieran células espermáticas a partir de sus propias células madre y se fecundara a sí misma, ¿cuál sería su relación con su hija?

R. Scott Lamorte

R. **PARA HACER UN HUMANO,** necesitas juntar dos perfiles de ADN.

En los humanos, estos dos perfiles se encuentran en una célula espermática y en un óvulo, y cada uno de ellos contie-

¿Cómo los juntas?

Pregúntales a tus padres.
O búscalo en Internet.

ne una muestra aleatoria del ADN de los progenitores. (Hablaremos más de cómo se produce ese proceso aleatorio en un momento). En los humanos, estas células provienen de dos personas distintas.

Sin embargo, esto no tiene que ser necesariamente así. Las células madre, que pueden formar cualquier tipo de tejido, en principio podrían usarse para producir esperma (u óvulos).

Hasta ahora nadie ha sido capaz de producir esperma completo a partir de células madre. En 2007, un grupo de investigadores consiguió convertir células madre de la médula ósea en células madre espermatogonias. Estas células son las predecesoras del esperma. Los investigadores no pudieron conseguir que las células se transformaran completamente en esperma, pero fue un paso. En 2009, el mismo grupo publicó un artículo que parecía asegurar que habían dado el último paso y habían producido células espermáticas operativas.

Había dos problemas.

Primero, no decían realmente que hubieran producido células espermáticas. Lo que decían era que habían producido células similares a las espermáticas, pero los medios de comunicación en general le restaron importancia a este hecho. Y segundo, el artículo fue retirado por la revista que lo publicó. Resulta que los autores habían plagiado dos párrafos de su artículo de otra publicación.

A pesar de estos problemas, la idea esencial en este caso es que no es tan disparatado y la respuesta a la pregunta de R. Scott resulta ser un poco inquietante.

Mantener un seguimiento del flujo de información genética puede ser bastante complicado. Para ayudarnos a ilustrarlo, echemos un vistazo a un modelo sumamente simplificado que puede resultarles familiar a los aficionados a los juegos de rol.

Cromosomas: edición Calabozos y *dragones*

El ADN humano está organizado en 23 segmentos, llamados cromosomas y cada persona tiene dos versiones de cada cromosoma: una de su madre y otra de su padre.

En nuestra versión simplificada del ADN, en vez de 23 cromosomas sólo habrá siete. En los humanos, cada cromosoma contiene una enorme cantidad de código genético, pero en nuestro modelo cada cromosoma sólo controlará una cosa.

Utilizaremos una versión del sistema «d20» de características de los personajes de *Calabozos y dragones* en el que cada pieza de ADN contiene siete cromosomas:

1. FUE
2. CON
3. DES
4. CAR
5. SAB
6. INT
7. SEX

Seis de ellos son las características clásicas de los personajes de juegos de rol: fuerza, constitución, destreza, carisma, sabiduría e inteligencia. El último es el cromosoma que determina el sexo.

Este es un ejemplo de una «cadena» de ADN:

1. FUE	15
2. CON	2
3. DES	1X
4. CAR	12
5. SAB	0.5X
6. INT	14
7. SEX	X

En nuestro modelo, cada cromosoma contiene un dato. Este dato es una estadística (un número, normalmente del 1 al 18) o un multiplicador. El último, SEX, es el cromosoma que determina el sexo, que, como en la genética humana real, puede ser X o Y.

Igual que en la vida real, cada persona tiene dos juegos de cromosomas: uno de su madre y otro de su padre. Imagina que tus genes tuvieran este aspecto:

	ADN de la madre	*ADN del padre*
1. FUE	15	5
2. CON	2X	12
3. DES	13	14
4. CAR	12	1.5X
5. SAB	0.5X	14
6. INT	14	15
7. SEX	X	X

La combinación de estos dos juegos de datos determina las características de una persona. Esta es una sencilla norma para combinar las estadísticas en nuestro sistema: si tienes un número en las dos versiones de un cromosoma, te quedas con el número mayor como estadística. Si tienes un número en un cromosoma y un multiplicador en el otro, tu estadística es el número multiplicado por el multiplicador. Si tienes un multiplicador en ambos lados, obtienes 1 de estadística[1].

Así es como resultaría nuestro hipotético personaje de antes:

	ADN de la madre	ADN del padre	Perfil final
1. FUE	15	5	15
2. CON	2X	12	24
3. DES	13	14	14
4. CAR	12	1.5X	18
5. SAB	0.5X	14	7
6. INT	14	15	15
7. SEX	X	X	FEMENINO

Cuando uno de los progenitores aporta un multiplicador y el otro aporta un número, ¡el resultado puede ser muy bueno! La constitución de este personaje es un superhumano 24. De hecho, aparte de la baja puntuación en sabiduría, este personaje en general tiene unas estadísticas excelentes.

Ahora, pongamos que este personaje (llamémosla Alice) conoce a alguien (Bob):

Bob también tiene unas estadísticas soberbias:

BOB	ADN de la madre	ADN del padre	Estadísticas finales
1. FUE	13	7	13
2. CON	5	18	18
3. DES	15	11	15
4. CAR	10	2X	20

---

1 Porque 1 es la identidad multiplicativa.

5. SAB	16	14	16
6. INT	2X	8	16
7. SEX	X	Y	MASCULINO

Si tienen un hijo, cada uno aportará una cadena de ADN. Pero la cadena que aportarán será una mezcla aleatoria de las cadenas de sus padres y de sus madres. Cada célula espermática (y cada óvulo) contiene una combinación aleatoria de cromosomas de cada cadena. Así que pongamos que Bob y Alice aportan el siguiente esperma y el siguiente óvulo:

ALICE	ADN de la madre	ADN del padre	**BOB**	ADN de la madre	ADN del padre
1. FUE	(15)	5	1. FUE	13	(7)
2. CON	(2X)	12	2. CON	(5)	18
3. DES	13	(14)	3. DES	15	(11)
4. CAR	12	(1.5X)	4. CAR	(10)	2X
5. SAB	0.5X	(14)	5. SAB	(16)	14
6. INT	(14)	15	6. INT	(2X)	8
7. SEX	(X)	X	7. SEX	(X)	Y

Óvulo (de Alice)		Esperma (de Bob)	
1. FUE	15	1. FUE	7
2. CON	2X	2. CON	5
3. DES	14	3. DES	11
4. CAR	1.5X	4. CAR	10
5. SAB	14	5. SAB	16
6. INT	14	6. INT	2X
7. SEX	X	7. SEX	X

Si este esperma y este óvulo se combinan, las estadísticas del hijo tendrían este aspecto:

	Óvulo	Esperma	Estadísticas del hijo
1. FUE	15	7	15
2. CON	2X	5	10
3. DES	14	11	14
4. CAR	1.5X	10	15
5. SAB	14	16	16
6. INT	14	2X	28
7. SEX	X	X	FEMENINO

Alice tiene la fuerza de su madre y la sabiduría de su padre. También tiene una inteligencia superhumana, gracias al muy buen 14 aportado por Alice y al multiplicador aportado por Bob. Su constitución, por otra parte, es mucho más débil que la de sus padres, ya que el multiplicador 2X de su madre estaba limitado por el 5 que aportó su padre.

Tanto Alice como Bob tenían un multiplicador en su cromosoma paternal de carisma. Como dos multiplicadores juntos dan como resultado una estadística de 1, si ambos hubieran aportado su multiplicador, la niña habría tenido un CAR mínimo. Por suerte, las probabilidades de que esto pasara eran sólo de 1 entre 4.

Si la niña tuviera multiplicadores en ambas cadenas, la estadística se habría reducido a 1. Por suerte, como los multiplicadores son relativamente escasos, la probabilidad de que se alinearan en dos personas al azar son bajas.

Ahora echemos un vistazo a lo que pasaría si Alice tuviera un hijo consigo misma. Primero, produciría un par de células sexuales, que llevarían a cabo el proceso de selección aleatoria dos veces:

ÓVULO DE ALICE	ADN de la madre	ADN del padre	ESPERMA DE ALICE	ADN de la madre	ADN del padre
1. FUE	(15)	5	1. FUE	15	(5)
2. CON	(2X)	12	2. CON	(2X)	12
3. DES	13	(14)	3. DES	13	(14)
4. CAR	12	(1.5X)	4. CAR	(12)	(1.5X)
5. SAB	0.5X	(14)	5. SAB	(0.5X)	14
6. INT	(14)	15	6. INT	(14)	15
7. SEX	(X)	X	7. SEX	X	(X)

Luego las cadenas seleccionadas serían aportadas al hijo:

ALICE II	Óvulo	Esperma	Estadísticas del hijo
1. FUE	15	5	15
2. CON	2X	2X	1
3. DES	14	14	14
4. CAR	1.5X	12	18
5. SAB	0.5X	14	7
6. INT	14	14	14
7. SEX	X	X	X

Está garantizado que el hijo será una niña, ya que no hay nadie que aporte un cromosoma Y.

Además, tiene un problema: en tres de sus siete características (INT, DES y CON) ha heredado el mismo cromosoma en las dos partes. Esto no es un problema para DES e INT, ya que Alice tenía una alta puntuación en estas dos categorías, pero en CON ha heredado un multiplicador de ambas partes, lo que le da una puntuación de constitución de 1.

Si alguien tiene un hijo consigo mismo, se incrementa radicalmente la probabilidad de que el hijo herede el mismo cromosoma en las dos partes y por consiguiente un multiplicador doble. Las probabilidades de que el hijo de Alice tenga un doble multiplicador son de un 58 por ciento, comparado con el 25 por ciento de probabilidad en un hijo con Bob.

En general, si tienes un hijo contigo mismo, el 50 por ciento de tus cromosomas tendrán la misma estadística en ambas partes. Si esa estadística es 1, o si es un multiplicador, tu hijo tendrá problemas, aunque tú no los hayas tenido. Esta enfermedad, tener el mismo código genético en las dos copias del cromosoma, se llama homocigosidad.

Humanos

En los humanos, el trastorno genético más común causado por la endogamia probablemente sea la atrofia muscular espinal (AMS). La AMS causa la muerte de las células de la médula espinal y es a menudo mortal o gravemente incapacitante.

La AMS es la consecuencia de una versión anormal de un gen en el cromosoma 5. Alrededor de 1 de cada 50 personas tienen esta anomalía, lo que significa que 1 de cada 100 personas se lo pasará a sus hijos... y, por lo tanto, 1 de cada 10,000 personas (100 veces 100) heredará el gen defectuoso de ambos progenitores[2].

Si alguien tiene un hijo consigo mismo, o misma, por otra parte, la probabilidad de AMS es de 1 entre 400, ya que si él o ella tiene una copia del gen defectuoso (1 de cada 100), hay una probabilidad de 1 entre 4 de que sea la única copia del hijo.

---

2 Algunas formas de AMS son en realidad la consecuencia de un defecto en dos genes, así que en la práctica el panorama estadístico es un poco más complicado.

Puede que no suene tan mal 1 entre 400, pero la AMS es sólo el principio.

El ADN es complicado

El ADN es el código fuente de la máquina más compleja del universo conocido. Cada cromosoma contiene una asombrosa cantidad de información y la interacción entre el ADN y la maquinaria celular que lo rodea es increíblemente complicada, con incontables elementos movibles y bucles de retroalimentación al estilo del juego de mesa *Atrapa ratones*. Incluso llamar al ADN «código fuente» se queda corto, porque, comparados con el ADN, nuestros códigos de programación más complejos son como calculadoras de bolsillo.

En los humanos, cada cromosoma afecta a muchas cosas a través de distintas mutaciones y variaciones. Algunas de estas mutaciones, como la responsable del AMS, parecen ser totalmente negativas; la mutación responsable no saca ningún beneficio. En nuestro sistema de *Calabozos y dragones*, es como si un cromosoma tuviera una FUE de 1. Si tu otro cromosoma es normal, tendrás una característica de personaje normal; serás un «portador» silencioso.

Otras mutaciones, como el gen de células falciformes en el cromosoma 11, pueden proporcionar una mezcla de daños y beneficios. La gente que tiene el gen de células falciformes sufre de anemia de células falciformes. Sin embargo, si tienen el gen en solo uno de sus cromosomas, pueden llevarse un beneficio sorpresa: mayor resistencia a la malaria.

En el sistema de *Calabozos y dragones*, esto es como un multiplicador 2X. Una copia del gen puede hacerte más fuerte, pero dos copias (multiplicadores dobles) causan un trastorno grave.

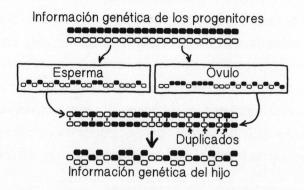

¡+1 resiste a la malaria!

Estas dos enfermedades ilustran una razón por la que la diversidad genética es importante. Las mutaciones aparecen por todas partes, pero nuestros cromosomas redundantes ayudan a mitigar este efecto. Al evitar la endogamia, una población reduce las probabilidades de que surjan mutaciones inusuales y dañinas en el mismo lugar en las dos partes del cromosoma.

Coeficiente de endogamia

Los biólogos utilizan un número llamado el coeficiente de endogamia para cuantificar el porcentaje de cromosomas de una persona que tienen probabilidades de ser idénticos. Un hijo de padres sin parentesco tiene un coeficiente de endogamia 0, mientras que uno que tenga un juego de cromosomas completamente duplicado tiene un coeficiente de endogamia 1.

Información genética de los progenitores

Esperma

Óvulo

Duplicados

Información genética del hijo

Esto nos da la respuesta a la pregunta original. Un hijo de un progenitor que se ha autofecundado sería como un clon del progenitor con graves lesiones genéticas. El progenitor tendría todos los genes que tiene el hijo, pero el hijo no tendría todos los genes del progenitor. La mitad de las «parejas» de los cromosomas del hijo serían reemplazadas por una copia de sí mismos.

Esto significa que el hijo tendría un coeficiente de endogamia de 0.5. Esto es muy alto; es lo que se esperaría en un niño producto de tres generaciones consecutivas de matrimonios entre hermanos. Según el libro *Introduction to Quantitative Genetics,* de D. S. Falconer, un coeficiente de endogamia de 0.5 daría lugar a una media de una reducción del coeficiente intelectual de 22 puntos y una reducción de la altura de 10 centímetros a los diez años de edad. Sería muy probable que el feto resultante no sobreviviera al parto.

Este tipo de endogamia era por todos conocida en las familias reales que intentaban mantener «puro» su linaje. La casa de los Habsburgo, una familia de gobernantes europeos de mediados del segundo milenio, estuvo marcada por frecuentes bodas entre primos, que culminaron con el nacimiento del rey Carlos II de España.

Carlos tenía un coeficiente de endogamia de 0.254, que lo hacía ligeramente más endogámico que un hijo de dos hermanos (0.25). Tenía importantes discapacidades físicas y emocionales, y era un rey extraño y en gran medida incompetente. En una ocasión, se dice que ordenó que se desenterraran los cadáveres de sus familiares porque quería verlos. Su incapacidad para tener hijos marcó el final de ese linaje real.

La autofecundación es una estrategia arriesgada, razón por la que el sexo es tan popular entre los organismos grandes y complejos[3]. De vez en cuando existen animales complejos que se reproducen de forma asexual[4], pero este comportamiento es relativamente inusual. Suele aparecer en ambientes donde es difícil reproducirse sexualmente, ya sea por escasez de recursos, aislamiento de la población...

La vida se abre camino.

... O arrogantes gestores de parques temáticos.

---

3 Bueno, una de las razones.

4 La «salamandra de Tremblay» es una especie híbrida de salamandra que se reproduce exclusivamente por autofecundación. Estas salamandras son una especie de solo hembras y, de una forma extraña, tienen tres genomas en vez de dos. Para reproducirse, llevan a cabo un ritual de cortejo con salamandras macho de especies de la misma familia y luego ponen huevos autofecundados. La salamandra macho no saca nada de esto; simplemente es utilizada para estimular la puesta de huevos.

Lanzamiento alto

P. ¿A qué altura puede lanzar algo un humano?

IRISH DAVE, en la isla de Man

R. A LOS HUMANOS SE LES DA BIEN lanzar cosas. De hecho, se nos da genial; ningún animal puede lanzar cosas como nosotros.

Es cierto que los chimpancés arrojan heces (y en ocasiones excepcionales piedras), pero no son ni remotamente tan certeros o precisos como los humanos. Los mirmeleóntidos tiran arena, pero no apuntan. Los peces arqueros cazan insectos tirando gotitas de agua, pero usan bocas especializadas en vez de brazos. Los lagartos cornudos disparan chorros de sangre por los ojos a una distancia de hasta metro y medio. No sé por qué hacen eso, porque cada vez que llego a la frase «disparan chorros de sangre por los ojos» en un artículo me paro ahí y la miro fijamente hasta que necesito echarme.

¡¡¡Ahhhhhhhhh!!!

De manera que, aunque hay otros animales que utilizan proyectiles, somos prácticamente el único que puede coger un objeto al azar y dar en el blanco con precisión. De hecho, se nos da tan bien que algunos investigadores han sugerido que el tirar piedras jugó un papel fundamental en la evolución del cerebro humano moderno.

Lanzar es difícil[1]. Para enviar una pelota de beisbol a un bateador, un lanzador tiene que soltar la pelota en el punto justo del lanzamiento. Un error de cálculo de medio milisegundo en cualquier dirección es suficiente para que la pelota no entre en la zona de strike. Para poner esto en perspectiva, el impulso nervioso más rápido tarda cinco milisegundos en recorrer la longitud del brazo. Esto significa que cuando tu brazo aún está rotando hacia la posición correcta, la señal de soltar la pelota ya está en tu muñeca. En lo que respecta a la coordinación del tiempo, esto es como si un batería dejara caer una baqueta desde un décimo piso y golpeara el tambor en el suelo en el momento correcto.

Parece que se nos da mucho mejor lanzar cosas hacia delante que hacia arriba[2]. Como lo que buscamos es la altura

---

1 Referencia: mi carrera en la liga infantil de beisbol.

2 Contraejemplo: mi carrera en la liga infantil de beisbol.

máxima, podríamos utilizar proyectiles que se curven hacia arriba cuando los lancemos hacia delante; los bumeranes Aerobie Orbiters que tenía de pequeño a menudo se quedaban enganchados en las copas de los árboles más altos[3]. Pero también podríamos sortear todo el problema utilizando un aparato como este:

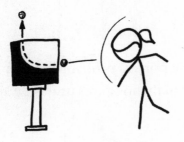

Un mecanismo para golpearte a ti mismo en la cabeza con una pelota de beisbol con un retardo de cuatro segundos.

Podríamos utilizar un trampolín o una rampa engrasada, o incluso una resortera colgante, cualquier cosa que redirija el objeto hacia arriba sin añadirle ni restarle velocidad. Por supuesto, también podríamos probar esto:

___

3 Donde se quedaban para siempre.

He realizado los cálculos de aerodinámica básica para el lanzamiento de una pelota de beisbol a varias velocidades. Daré estas alturas en unidades de jirafas:

Jirafa estándar

5 metros

Una persona normal probablemente pueda lanzar una pelota de beisbol al menos a tres jirafas de alto:

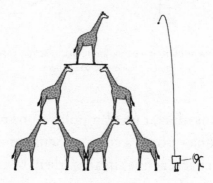

Alguien con un brazo considerablemente potente podría llegar a cinco:

Un lanzador de beisbol con una bola rápida de 80 mph podría llegar a diez jirafas:

Aroldis Chapman, que posee el récord mundial del lanzamiento más rápido registrado (105 mph), podría en teoría lanzar una pelota de beisbol a 14 jirafas de alto:

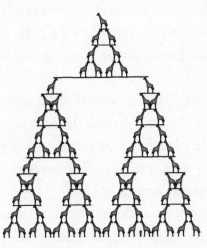

Pero ¿qué hay de otros proyectiles, aparte de las pelotas de beisbol? Obviamente, con la ayuda de herramientas como resorteras, ballestas, o las manoplas curvas de la cesta punta, podemos lanzar proyectiles mucho más rápido que eso. Pero en esta pregunta supongamos que nos ceñimos al lanzamiento con las manos desnudas.

Una pelota de béisbol probablemente no sea el proyectil ideal, pero es difícil encontrar datos de velocidad de otros tipos de objetos arrojadizos. Por suerte, un lanzador de jabalina británico llamado Roald Bradstock celebró un concurso de lanzamiento de «objetos aleatorios» en el que lanzó de todo, desde peces muertos a un fregadero. La experiencia de Bradstock nos da mucha información útil[4]. En concreto, sugiere un proyectil potencialmente superior: una pelota de golf.

Pocos atletas profesionales han sido documentados lanzando pelotas de golf. Por suerte, Bradstock sí, y reivindica un lanzamiento récord de 150 metros. Esto implicó tomar carrera, pero, aun así, es razón suficiente para pensar que una pelota de golf podría funcionar mejor que una de beisbol. Desde el punto de vista de la física, tiene sentido; el factor limitativo de los lanzamientos de pelotas de béisbol es el par de torsión del codo, y una pelota de golf, al ser más ligera, podría permitir que el brazo que realiza el lanzamiento se moviera más rápido.

La mejora en la velocidad al utilizar una pelota de golf en vez de una de beisbol probablemente no sería muy grande, pero parece plausible que un lanzador profesional con algo de tiempo para practicar pudiera lanzar una pelota de golf más rápido que una de béisbol.

Si esto es así, basándome en cálculos de aerodinámica, creo que Aroldis Chapman probablemente podría lanzar una pelota de golf a una altura de dieciséis jirafas:

---

4 Y también mucha otra información.

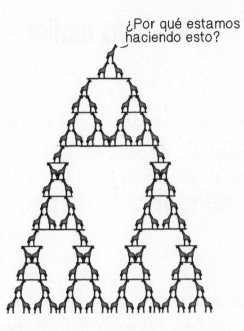

Esta es probablemente la máxima altura aproximada a la que se puede lanzar un objeto.

… A no ser que tengas en cuenta la técnica con la que cualquier niño de cinco años puede batir fácilmente estos récords.

Neutrinos letales

P. ¿A qué distancia mínima tendrías que estar de una supernova para recibir una dosis letal de radiación de neutrinos?

Dr. Donald Spector

R. La frase «**dosis letal** de radiación de neutrinos» es muy rara. He tenido que darle unas cuantas vueltas en la cabeza cuando la he oído.

Si lo tuyo no es la física, puede que te suene raro, así que aquí tienes un poco de contexto para que entiendas por qué es una idea tan sorprendente.

Los neutrinos son unas partículas fantasmagóricas que apenas interactúan con el mundo. Mírate la mano, hay aproximadamente un billón de neutrinos del sol pasando a través de ella cada segundo.

Vaya, ya puedes dejar de mirarte la mano.

La razón por la que no notas el torrente de neutrinos es porque estos generalmente pasan de la materia corriente. De media, de ese torrente masivo sólo un neutrino «chocará» con un átomo de tu cuerpo cada varios años[1].

De hecho, los neutrinos son tan imprecisos que toda la Tierra es transparente para ellos; casi todo el vapor de neutrinos del Sol pasa directamente a través de ella sin verse afectado. Para detectar neutrinos, la gente construye tanques gigantes con cientos de toneladas de material blanco con la esperanza de registrar el impacto de un solo neutrino solar.

Esto significa que, cuando un acelerador de partículas (que produce neutrinos) quiere mandar un haz de neutrinos a un detector en cualquier otra parte del mundo, lo único que tiene que hacer es apuntar el haz al detector, ¡aunque se encuentre al otro lado del planeta!

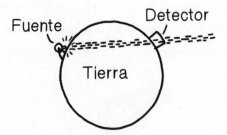

Por eso la frase «dosis letal de radiación de neutrinos» suena extraña, mezcla escalas de una forma incongruente. Es como la expresión «derríbame con una pluma» o la frase

---

1 Menos a menudo si eres un niño, ya que tienes menos átomos contra los que puedan chocar. Estadísticamente, tu primera interacción probablemente tiene lugar, más o menos, a los diez años de edad.

«estadio de fútbol lleno de hormigas hasta la bandera»[2]. Si has estudiado matemáticas, es en cierto modo como la expresión $ln(x)^e$. No es que, tomada literalmente, no tenga sentido, sino que no te puedes imaginar una situación en la que se pudiera aplicar[3].

De igual forma, es difícil producir suficientes neutrinos como para conseguir siquiera que uno de ellos interactúe con la materia; es extraño imaginar una situación en la que hubiera suficientes como para hacerte daño.

Las supernovas proporcionan esa situación. El doctor Spector, el físico de Hobart and William Smith Colleges que me formuló esta pregunta, me explicó su norma general para estimar cantidades relacionadas con supernovas: por muy grandes que creas que son las supernovas, son aún más grandes.

Aquí va una pregunta para que te hagas una idea de la escala. ¿Qué sería más brillante desde el punto de vista de la cantidad de energía que te llega a la retina: una supernova vista desde una distancia como la del Sol a la Tierra o la detonación de una bomba de hidrógeno apoyada en tu globo ocular?

¿Puedes darte prisa y detonarla? Que esto pesa.

---

2 Lo que sería menos de un 1 por ciento de las hormigas del mundo.

3 Si quieres ser cruel con alumnos de primer año de cálculo, puedes pedirles que hagan la derivada de $ln(x)^e$ dx. Parece que debería ser «1» o algo así, pero no lo es.

La norma general del doctor Spector sugiere que la supernova es más brillante. Y de hecho lo es... por nueve órdenes de magnitud.

Por eso esta pregunta es genial, porque las supernovas son inimaginablemente gigantescas y los neutrinos son inimaginablemente insustanciales. ¿En qué punto estas dos cosas inimaginables se contrarrestan para producir un efecto a escala humana?

Un artículo del experto en radiación Andrew Karam proporciona la respuesta. Explica que durante ciertas supernovas —el colapso de un núcleo estelar en una estrella de neutrones— pueden liberarse 1057 neutrinos (uno por cada protón de la estrella que se colapsa para convertirse en neutrón).

Karam calcula que la dosis de radiación de neutrinos a una distancia de 1 pársec[4] sería de alrededor de 0.5 nanosievert o 1/500 de la dosis de comer un plátano[5].

Una dosis fatal de radiación es de unos 4 sieverts. Utilizando la ley de la inversa del cuadrado, podemos calcular la dosis de radiación:

$$0.5 \text{ nanosieverts} \times \left(\frac{1 \text{ pársec}}{x} \right) = 5 \text{ sieverts}$$

$$x = 0.00001118 \text{ pársecs} = 2.3 \text{ UA}$$

Eso es un poco más que la distancia entre el Sol y Marte.

Las supernovas por colapso de núcleo suceden a las estrellas gigantes, así que si observaras una supernova desde

---

4 Equivale a 3,262 años luz, que es un poco menos que la distancia de aquí a Alfa Centauri.

5 «Tabla de dosis de radiación», en http://xkcd.com/radiation.

esa distancia probablemente estarías dentro de las capas periféricas de la estrella que la ha creado.

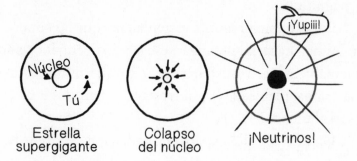

El GRB 080319B fue el evento más violento jamás observado, especialmente para las personas que estaban flotando justo al lado con tablas de surf.

La idea de que la radiación de neutrinos cause daños refuerza lo grandes que son las supernovas. Si observaras una supernova desde una distancia de 1 UA y de alguna forma evitaras incinerarte, vaporizarte y convertirte en una especie de plasma exótico, hasta el torrente de fantasmagóricos neutrinos sería lo suficientemente denso como para matarte.

Si va lo bastante rápido, una pluma indudablemente podría derribarte.

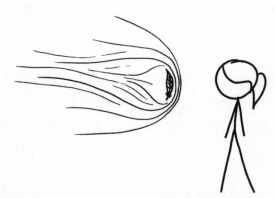

Preguntas extrañas (y preocupantes) de la bandeja de entrada de *¿Qué pasaría si...?* (8)

P. Una toxina bloquea la habilidad de reabsorción tubular de la nefrona, pero no afecta a la filtración. ¿Cuáles son los posibles efectos a corto plazo de esta toxina?

MARY

Doctora, ¡el paciente está perdiendo la consciencia! ¡Necesitamos tomar una decisión!

¡Espera! Quiero que un dibujante de cómics de Internet intervenga.

P. Si una Venus atrapamoscas pudiera comerse a una persona, ¿cuánto tiempo tardaría en exprimirlo y digerirlo por completo?

JONATHAN WANG

Siete años si la persona está mascando chicle.

Eso es una leyenda urbana.

Y apuesto a que Boba Fett estaba mascando chicle cuando se lo comió el sarlacc. ¡Todo encaja!

No me puedo creer que una universidad te haya dado un título en ciencias.

Tope

P. ¿A qué velocidad puedes pasar conduciendo sobre un tope y sobrevivir?

MYRLIN BARBER

R. SORPRENDENTEMENTE RÁPIDO.

Lo primero, realizaré una liberación de responsabilidad. Después de leer esta respuesta, no intentes pasar conduciendo sobre topes a altas velocidades. Estas son algunas de las razones:

- Podrías atropellar y matar a alguien.
- Puedes destrozar los neumáticos, la suspensión y potencialmente todo el coche.
- ¿Has leído alguna de las otras respuestas de este libro?

Si eso no es suficiente, aquí tienes unas cuantas citas de revistas médicas sobre lesiones medulares causadas por topes.

El análisis de la radiografía toracolumbar y la tomografía axial computarizada muestran fracturas por compresión en cuatro pacientes... Se aplicó instrumentación posterior... Todos los pacientes se recuperaron bien, excepto el de la fractura cervical.

La L1 fue la vértebra fracturada con más frecuencia (23/52, 44.2 por ciento).

La incorporación de nalgas con propiedades realistas disminuyó la primera frecuencia vertical natural de ~12 a 5,5 Hz, de acuerdo con la literatura.

(Esta última no está directamente relacionada con las lesiones provocadas por los topes, pero quería incluirla de todas formas).

Los topes normales pequeños probablemente no te matarán

Los topes están diseñados para que los conductores reduzcan la velocidad. Pasar sobre un badén normal a 5 millas (8 km) por hora conlleva un ligero bote[1], mientras que coger uno a 20 (32 km) provoca una sacudida considerable. Es normal suponer que agarrar un tope a 60 (96 km) provocaría una sacudida proporcionalmente mayor, pero probablemente no sería así.

Como atestiguan esas citas médicas, es cierto que en ocasiones la gente sufre lesiones por culpa de los tope. Sin embar-

---

1 Como cualquiera con experiencia en física, hago todos mis cálculos en unidades SI, pero me han puesto demasiadas multas por exceso de velocidad en Estados Unidos como para escribir esta respuesta en cualquier unidad que no sean millas por hora; lo tengo grabado en el cerebro. ¡Lo siento!

go, casi todas esas lesiones le suceden a una clase de gente muy específica: los que van sentados en asientos rígidos en la parte trasera de los autobuses por carreteras en mal estado.

Cuando conduces un coche, las dos cosas principales que te protegen de los topes de la carretera son los neumáticos y la suspensión. No importa lo rápido que agaras un tope —a no ser que este sea lo bastante alto como para golpear el chasis del coche—, que estos dos sistemas absorberán la sacudida lo suficiente para que probablemente no te haga daño.

Que absorban el impacto no quiere decir que sea necesariamente bueno para esos sistemas. En el caso de los neumáticos, pueden absorberlo explotando[2]. Si el tope es lo bastante grande para golpear las llantas, puede dañar de forma permanente muchas piezas importantes del coche.

El típico tope mide entre 7 y 10 centímetros de alto. Esto es también más o menos el grosor de un neumático medio (la separación entre la base de las llantas y el suelo)[3]. Esto significa que si un coche pasa sobre un tope pequeño, en realidad la llanta no tocará el tope el neumático simplemente se comprimirá.

El coche medio alcanza una velocidad máxima de unos 190 kilómetros por hora. Si agarras un tope a esa velocidad probablemente acabarías, de una forma u otra, perdiendo el control del coche y estrellándote[4]. Sin embargo, el golpe de por sí probablemente no sería mortal.

---

2 Busca en Google *hit a curb at 60* («subirse a la banqueta a 100»).

3 Hay coches en todas partes. Sal a la calle con una regla y compruébalo.

4 A altas velocidades puedes perder el control fácilmente incluso sin pasar por un tope. La colisión de Joey Huneycutt a 220 mph dejó su Camaro hecho un amasijo de hierros abrasados.

Si coges un tope más grande, como por ejemplo un paso peatonal elevado, puede que tu coche no salga tan bien parado.

¿A qué velocidad tienes que ir para morir?

Consideremos lo que pasaría si un coche fuera por encima de su velocidad máxima. Un coche moderno medio está limitado a una velocidad máxima de unos 190 km/h y lo más rápido que puede ir es a unos 300.

Aunque la mayoría de los autos tienen algún tipo de límite de velocidad artificial controlado por la computadora del motor, el límite físico de velocidad definitivo de un coche proviene de la resistencia del aire. Este tipo de resistencia aerodinámica se incrementa con el cuadrado de la velocidad; llegado a un punto, el coche no tiene suficiente potencia de motor para abrirse paso más rápido a través del aire.

Si forzaras un coche medio a superar su velocidad máxima, quizás reutilizando el acelerador mágico de la pelota de béisbol relativista, el badén sería el menor de tus problemas.

Los coches generan sustentación. El aire que fluye alrededor de un coche ejerce todo tipo de fuerzas sobre él.

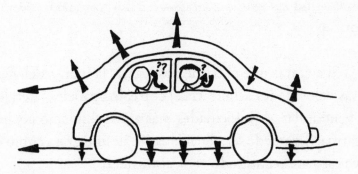

¿De dónde han salido todas estas flechas?

Las fuerzas de sustentación tienen relativamente poca importancia a las velocidades normales en una autopista, pero a velocidades más altas pasan a ser significativas.

En un coche de Fórmula 1 equipado con alerones, estas fuerzas lo empujan hacia abajo, de modo que el coche se agarra a la pista. En un coche medio, lo elevan.

Entre los aficionados al NASCAR (carreras de automóviles de serie), se habla frecuentemente de una «velocidad de despegue» de 300 km/h si el coche empieza a girar. Otras ramas de las carreras automovilísticas han visto espectaculares colisiones con vueltas de campana hacia atrás cuando la aerodinámica no sale como se había planeado.

La conclusión es que entre los 200 y los 400 km/h el típico coche se elevaría del suelo, daría vueltas de campana y se estrellaría... antes siquiera de llegar al tope.

ÚLTIMA HORA: *Niño y criatura no identificada en la cesta de una bicicleta mueren atropellados por un coche.*

Si evitaras que el coche despegara, la fuerza del viento a esas velocidades arrancaría el cofre, los paneles laterales y las ventanillas. A velocidades más altas, el mismo coche se desarmaría y puede ser que incluso se desintegrara como una nave espacial reentrando en la atmósfera.

¿Cuál es el límite definitivo?

En el estado de Pensilvania, las multas por exceso de velocidad se pueden incrementar 2 dólares por cada milla (kilómetro y medio) a la hora que se haya superado el límite.

Por lo tanto, si pasaras en coche por un tope en Filadelfia al 90 por ciento de la velocidad de la luz, además de destruir la ciudad...

... Podría llegarte una multa por exceso de velocidad de 1,140 millones de dólares.

Inmortales perdidos

P. Si dos personas inmortales estuvieran en lados opuestos de un planeta deshabitado parecido a la Tierra, ¿cuánto tardarían en encontrarse? ¿100,000 años? ¿1,000.000 de años? ¿100,000,000,000 de años?

R. EMPEZAREMOS CON LA RESPUESTA simple desde el punto de vista de la física1: 3,000 años. Eso es aproximadamente lo que tardarían dos personas en encontrarse, suponiendo que caminaran por ahí aleatoriamente sobre una esfera durante 12 horas al día y para verse tuvieran que estar a 1 kilómetro de distancia como mucho.

---

1 Suponiendo que es un humano inmortal esférico en un vacío…

Podemos apreciar inmediatamente algunos problemas con este modelo[2]. El problema más sencillo es suponer que siempre puedes ver a alguien si se acerca a 1 kilómetro de ti. Eso es posible en las circunstancias más idóneas; una persona que camine por la cresta de una montaña podría ser visible a un kilómetro de distancia, mientras que en un bosque frondoso en medio de una tormenta dos personas podrían pasar a unos pocos metros la una de la otra sin verse.

Podríamos intentar calcular la visibilidad media entre todos los puntos de la Tierra, pero entonces nos encontraríamos con otra pregunta: ¿por qué pasarían tiempo en una espesa jungla dos personas que están intentando encontrarse? Parecería más lógico que ambos permanecieran en zonas planas y abiertas, donde podrían ver y ser vistos con facilidad[3].

Desde el mismo momento en que empezamos a tener en cuenta la psicología de nuestras dos personas, este modelo de inmortal esférico en un vacío está en apuros[4]. ¿Por qué

---

2 Por ejemplo: ¿qué les pasó a las demás personas? ¿Están bien?

3 Aunque el cálculo de la visibilidad suena divertido. ¡Ya sé lo que voy a hacer el sábado por la noche!

4 Que es por lo que normalmente intentamos no considerar ese tipo de cosas.

hemos de dar por hecho que nuestras personas andarán por ahí de un modo aleatorio? Puede que la mejor estrategia fuera algo totalmente diferente.

¿Qué estrategia sería la más lógica para nuestros inmortales perdidos?

Si tienen tiempo de planearlo con antelación, es fácil. Pueden quedar en encontrarse en el Polo Norte o en el Polo Sur. O bien, si esos lugares resultan inaccesibles, en el punto más alto del planeta o en la desembocadura del río más largo. Si hay alguna ambigüedad, simplemente pueden viajar al azar de una a otra de todas las opciones. Tienen tiempo de sobra.

Si no tienen la oportunidad de comunicarse de antemano, las cosas se ponen un poco más difíciles. Sin conocer la estrategia de la otra persona, ¿cómo sabes cuál debería ser la tuya?

Hay un viejo acertijo, de los tiempos anteriores a los teléfonos móviles, que dice algo así:

> *Imagina que has quedado con un amigo en una ciudad estadounidense en la que ninguno de los dos han estado antes. No tienen la oportunidad de planear el encuentro con antelación. ¿Adónde vas?*

El autor del acertijo sugirió que la solución lógica sería ir a la oficina de correos principal de la ciudad y esperar en la ventanilla principal de recepción de paquetes a la que llegan los envíos de fuera de la ciudad. Su lógica era que es el único lugar que tienen exactamente igual todas las ciudades estadounidenses y que cualquiera sabría encontrarlo.

A mí ese argumento me parece un poco flojo. Y lo que es más importante, no se sostiene experimentalmente. Le he hecho esa pregunta a varias personas y ninguna de ellas ha sugerido la oficina de correos. El autor original del acertijo se quedaría esperando en la oficina de clasificación de la correspondencia él solo.

Al menos tengo toda la correspondencia que me pueda comer.

Nuestros inmortales perdidos lo tienen más difícil, ya que no saben nada sobre la geografía del planeta en el que se encuentran.

Seguir el litoral parece una apuesta razonable. La mayoría de la gente vive cerca del agua y es mucho más rápido buscar a lo largo de una línea que sobre un plano. Si tu suposición acaba siendo errónea, no habrás perdido mucho tiempo comparado con haber buscado primero en el interior.

En caminar alrededor de un continente medio calculo que se tardaría unos 5 años, basándome en la típica relación entre ancho y longitud de costa de las masas terrestres[5].

Supongamos que tú y la otra persona están en el mismo continente. Si ambos caminan en el sentido contrario a las agujas del reloj, podrían dar vueltas eternamente sin encontraros. Eso no es bueno.

Un enfoque diferente sería hacer un círculo completo en el sentido contrario a las agujas del reloj y luego lanzar una moneda al aire. Si sale cara, volver a dar una vuelta en la misma dirección. Si sale cruz, ir en el sentido de las agujas del

---

5 Por supuesto, algunas zonas presentan un desafío. Caminar por los pantanos de Luisiana, los manglares del Caribe y los fiordos de Noruega es más lento que recorrer una playa normal.

reloj. Si los dos están siguiendo el mismo algoritmo, esto les daría una alta probabilidad de encontraros en unas pocas vueltas.

La suposición de que los dos están utilizando el mismo algoritmo probablemente sea optimista. Por suerte, hay una solución mejor: ser una hormiga.

Este es el algoritmo que yo seguiría (si alguna vez te pierdes en un planeta conmigo, ¡recuérdalo!): si no tienes información, camina aleatoriamente y deja un rastro de hitos de piedras, de forma que cada una apunte a la siguiente. Por cada día que camines, descansa tres. Pon la fecha en una señal periódicamente. No importa cómo lo hagas, siempre que sea consistente. Podrías tallar el número de días en la piedra o colocar las piedras en forma de número.

Si encuentras un rastro que es más reciente que todos los que has visto antes, empieza a seguirlo lo más rápido que puedas. Si pierdes el rastro y no lo puedes recuperar, vuelve a dejar tu propio rastro.

No tienes que encontrar la ubicación actual del otro jugador, simplemente tienes que encontrar una ubicación en la que haya estado. Aun así, podrían seguirse el uno al otro en círculos, pero, siempre que avances más rápido cuando estás siguiendo un rastro que cuando lo estás dejando, se encontrarán en cuestión de años o décadas.

Y si tu compañero no coopera, porque tal vez simplemente esté sentado donde empezó esperándote, al menos podrás ver cosas interesantes.

Velocidad orbital

P. ¿Qué pasaría si una nave espacial redujera su velocidad de reentrada a tan sólo unos cuantos kilómetros por hora usando cohetes mochila como el "Sky Crane" de Marte? ¿Acabaría con la necesidad de usar un escudo térmico?

— BRIAN

P. ¿Es posible que una nave espacial controle su reentrada de tal modo que evitara la compresión atmosférica y por tanto no necesitara el escudo térmico (tan caro y relativamente frágil) en la parte externa?

— CHRISTOPHER MALLOW

P. ¿Podría un cohete (pequeño) (con carga útil) ascender hasta un punto tan alto en la atmósfera donde sólo necesitara un pequeño cohete para alcanzar la velocidad de escape?

— KENNY VAN DE MAELE

R. T{ODAS LAS RESPUESTAS A ESTAS} preguntas versan alrededor de la misma idea. Es una idea que he tratado en otras respuestas, pero ahora quiero centrarme en ella de manera específica:

La razón por la que es difícil llegar a estar en órbita no es porque el espacio esté muy alto.

El espacio no es así:

Tamaño no real.

El espacio es así:

Su tamaño real, seguro.

El espacio está a unos 100 km de distancia. Eso es bastante lejos; yo no trataría de llegar a él subiéndome a una escalera, pero no es tan tan lejos. Si estuvieras en Sacramento, Seattle, Canberra, Kolkata, Hyderabad, Nom Pen, Cairo, Beijing, la parte central de Japón, la parte central de Sri Lanka, o Portland estarías más cerca del espacio que del mar.

Llegar al espacio es fácil[1]. No es algo que puedas hacer con tu coche, pero no es un desafío enorme. Podrías mandar a una persona al espacio con un cohete del tamaño de un poste de teléfono. El avión cohete X-15 llegó al espacio tan sólo yendo rápido y maniobrando hacia arriba[2,3].

Irás al espacio hoy y volverás a toda prisa.

Pero *llegar* al espacio es fácil. El problema es *quedarse* ahí.

La gravedad en la órbita terrestre baja es casi tan fuerte como la gravedad en la superficie.

La Estación Espacial no se ha librado de la gravedad de la Tierra; está experimentando alrededor de un 90 por ciento de la fuerza que sentimos en la superficie.

---

1 En especial a la órbita terrestre baja, que es donde está la Estación Espacial Internacional y donde podrían ir los autobuses espaciales.

2 El X-15 alcanzó los 100 km en dos ocasiones, ambas cuando lo voló Joe Walker.

3 Asegúrate de acordarte de maniobrar hacia arriba no hacia abajo o lo pasarás mal.

Para evitar volver a caer a la atmósfera tienes que ir de lado muy pero que muy rápido.

La velocidad que necesitas para permanecer en órbita es alrededor de 8 kilómetros por segundo[4]. Sólo se utiliza una fracción de la energía de un cohete para ascender y salir de la atmósfera; la gran mayoría se usa para ganar velocidad orbital (lateral).

Esto nos lleva al problema central de llegar a estar en órbita: alcanzar la velocidad orbital requiere mucho más combustible que alcanzar altura orbital. Conseguir que una aeronave alcance los 8 km/s requiere muchos cohetes de lanzamiento; alcanzar la velocidad orbital es lo bastante complicado, por lo que conseguirlo con una carga de combustible lo bastante grande como para detener la bajada sería muy poco práctico[5].

Estas necesidades excesivas de combustible son el motivo por el cual todas las naves espaciales que entran a la atmósfera frenan utilizando un escudo térmico en lugar de cohetes; golpear el aire es la manera más práctica de desacelerar. (Y para responder a la pregunta de Brian, el Rover Cu-

---

4 Es un poco menos si estás en la zona superior de la órbita terrestre baja.

5 Este aumento exponencial es el problema central de la ingeniería espacial: el combustible requerido para aumentar tu velocidad 1 km/s multiplica tu peso por 1.4. Para llegar a estar en órbita necesitas aumentar tu velocidad a 8 km/s, lo que significa que necesitas mucho combustible: $1.4 \times 1.4 \times 1.4 \times 1.4 \times 1.4 \times 1.4 \times 1.4 \times 1.4 = 15$ veces el peso original de tu aeronave.

Usar un cohete para desacelerar supone el mismo problema. Cada km/s que desaceleres en velocidad multiplica tu masa inicial el mismo valor de 1.4. Si quieres desacelerar hasta cero, y caer con suavidad en la atmósfera, las necesidades de combustible multiplican tu peso otra vez por 15.

riosity no fue una excepción; aunque usó cohetes pequeños para planear cuando estaba cerca de la superficie primero usó frenos de aire para perder gran parte de velocidad).

¿En cualquier caso cuán rápido son 8 km/s?

Creo que la razón por la que esto genera tanta confusión es porque cuando los astronautas están en órbita no parece que se muevan muy rápido; parece que se están desplazando lentamente sobre una canica azul.

Pero 8 km/s es rapidísimo. Cuando miras al cielo alrededor de la puesta de sol a veces puedes ver pasar la Estación Espacial Internacional (según sus siglas en inglés ISS), y 90 minutos después, la ves pasar otra vez[6]. En esos 90 minutos ha dado toda la vuelta al mundo.

La ISS se mueve tan rápido que si dispararas un rifle desde un lado de un campo de fútbol[7] esta podría atravesar todo el campo antes de que la bala avanzara 9 metros[8].

Imaginemos cómo sería si hicieras una marcha rápida por la superficie de la Tierra a 8 km/s.

Para hacerte una idea mejor de la velocidad a la que avanzas usemos el ritmo de una canción para marcar el intervalo de tiempo[9]. Supongamos que empiezas poniendo la canción de 1988 de The Proclaimers, *I'm Gonna Be (500 Miles)*.

---

6 Hay aplicaciones y herramientas online muy buenas que te ayudan a localizar la estación junto con otros satélites.

7 De cualquier tipo.

8 Este tipo de juego es legal en el fútbol australiano.

9 Usar los ritmos de canciones para ayudar a medir el intervalo del tiempo es una técnica también usada en el entrenamiento RCP, donde se usa la canción *Stayin' Alive*.

Esa canción tiene unos 131.9 ritmos por minuto por lo que imagina que con cada ritmo avanzas más de 3 kilómetros.

En lo que suena la primera estrofa del coro podrías caminar desde la Estatua de la Libertad hasta el Bronx.

Estarías avanzando 15 paradas de metro por segundo.

Te llevaría unas dos estrofas del coro (16 ritmos de la canción) cruzar el canal de la Mancha entre Londres y Francia.

I WOULD WALK FIVE HUNDRED MILES AND (letra de la canción).

La duración de la canción nos lleva a una curiosa coincidencia. El intervalo entre el inicio y el final de *I'm Gonna Be* es 3 minutos y 30 segundos, y la ISS se mueve a 7.66 km/s.

Esto significa que si un astronauta de la ISS escucha *I'm Gonna Be* entre el primer ritmo de la canción y los versos finales...

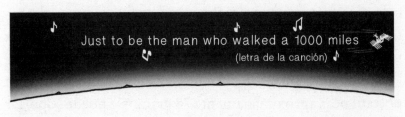

... habrá viajado justo 1,600 kilómetros.

Ancho de banda de FedEx

P. ¿Cuándo —en caso de que ocurra alguna vez— el ancho de banda de Internet superará al servicio de mensajería de FedEx?

JOHAN ÖBRINK

Nunca subestimes el ancho de banda de una camioneta llena de paquetes que va a toda velocidad por la carretera
ANDREW TANENBAUM, 1981

R. SI QUIERES TRANSFERIR varios centenares de gigabytes de datos, por lo general es más rapido enviar un disco duro por FedEx que mandar los archivos por Internet. Esto no es nuevo —se llama *sneakernet*— e incluso es la manera que emplea la empresa Google para transferir grandes cantidades de datos de forma interna.

Pero ¿será siempre más rápido?

Cisco estima que el tráfico total de Internet actualmente tiene un promedio de 167 terabytes por segundo. FedEx tiene una flota de 654 aviones con una capacidad de carga de 12 millones de kilos al día. La unidad de estado sólido de un portátil pesa aproximadamente 78 gramos y puede soportar hasta un terabyte.

Eso significa que FedEx es capaz de transferir 150 exabytes de datos por día, o 14 petabytes por segundo, casi cien veces la capacidad actual de Internet.

Si no te importa el costo, esta caja de zapatos de diez kilos puede contener mucho Internet.

Unidades de primera calidad: 136
Capacidad: 136 terabytes
Costo: 130,000 dólares
(más 40 de los zapatos)

Podemos aumentar la densidad de datos aún más usando tarjetas microSD.

Tarjetas microSD: 25,000
Capacidad: 1.6 petabytes
Coste al por menor: 1.2 millones

Esas láminas del tamaño de la uña del pulgar tienen una densidad de almacenamiento de hasta 160 terabytes por kilogramo, lo que significa que una flota de FedEx cargada de tarjetas microSD podría transferir alrededor de 177 petabytes por segundo, o 22 zettabytes por día, mil veces el nivel de tráfico actual de Internet. (La infraestructura sería interesante: Google necesitaría construir enormes almacenes para llevar a cabo una operación masiva de procesamiento de tarjetas).

Cisco calcula que Internet está creciendo aproximadamente un 29 por ciento al año. A ese ritmo, alcanzaremos a FedEx en 2040. Por supuesto, la cantidad de datos que podemos guardar en una unidad para entonces también habrá aumentado. La única manera de equipararse a FedEx es que las tasas de transferencia aumentan mucho más rápido que las de almacenamiento. De forma intuitiva esto parece improbable, dado que el almacenamiento y la transferencia están estrechamente vinculados —todos esos datos vienen y van a alguna parte—, pero no hay manera de predecir las pautas de uso.

Aunque FedEx es lo bastante grande para continuar satisfaciendo la demanda actual durante las próximas décadas, no hay ninguna razón técnica por la que no podamos establecer una conexión que superase su ancho de banda. Hay clústers de fibra que pueden soportar un petabyte por segundo. Un clúster de 200 de esos superaría a FedEx.

¡Ding, dong!

Internet está aquí.

¡Oh, mis nuevas estadísticas de Halo! ¡Tengo que averiguar si mi pistola de plasma dio a alguien!

Si contrataras a toda la industria de transporte de Estados Unidos para que te trasladara tarjetas SD, la capacidad sería del orden de unos 500 exabytes —medio zettabyte— por segundo. Para igualar esa tasa de transferencia digitalmente necesitarías medio millón de esos cables para petabytes.

Por lo que la conclusión es que en cuanto al ancho de banda bruto de FedEx, Internet seguramente nunca superará al *sneakernet*. Sin embargo, el ancho de banda prácticamente ilimitado de Internet de FedEx supondría un ping de 80,000,000 de milisegundos.

Caída libre

P. ¿En qué lugar de la Tierra tendrías la mayor caída libre si saltaras desde él? ¿Y si llevaras un traje aéreo?

Dhash Shrivathsa

R. La caída vertical más grande del mundo es una cara del Monte Thor (en Canadá), que tiene esta forma:

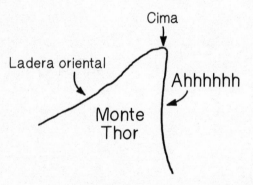

Fuente: Ahhhhhhhhhhhhhhhhhhhhhhhhhhhhhhhhhhhhhhhhhhhhhhh.

Para hacer que este escenario sea menos espantoso, imaginemos que hay una fosa al final del precipicio con algo acolchado —como algodón de azúcar— para amortiguar de manera segura tu caída.

¿No se supone que tenemos que saltar primero desde el elevado precipicio?

Sí, eso suena mucho más divertido que quedarse aquí y comer algodón de azúcar.

¿Funcionaría? Tendrás que esperar al segundo libro...

La caída de una persona con las piernas y los brazos abiertos tiene una velocidad terminal de alrededor de 55 metros por segundo. La velocidad máxima se alcanza en unos 100 metros, por lo que se tardaría un poco más de 26 segundos en caer hasta abajo.

¿Qué puedes hacer en 26 segundos?

Para empezar, es tiempo de sobra para pasarte todo el Super Mario World 1-1, suponiendo que tengas muy buena coordinación y te retrases en el tubo.

También es suficiente tiempo para una llamada perdida. El ciclo de llamada de Sprint —el tiempo que suena el teléfono antes de que salte el buzón de voz— es de 23 segundos[1].

Si alguien llamara a tu teléfono y empezara a sonar en el momento del salto, saltaría el buzón de voz tres segundos antes de que tocaras el suelo.

Por otro lado, si saltaras desde los 210 metros que miden los acantilados de Moher (en Irlanda), sólo conseguirías caer durante ocho segundos, o un poco más si las corrientes de

1 Para los que llevan la cuenta, Wagner es 2,350 veces más largo.

aire ascendente fueran fuertes. Eso no es mucho tiempo, pero según River Tam, con los sistemas de extracción adecuados, puede ser tiempo suficiente para sacar toda la sangre de tu cuerpo.

Hasta ahora, estamos dando por hecho que tu caída es vertical, pero no tiene por qué ser así. Aunque no lleve ningún equipamiento espe-cial, un paracaidista experi-mentado —una vez que al-cance la velocidad máxima— puede planear en un ángulo de casi 45 grados. Si planeando te alejaras de la base, podrías prolongar tu caída de manera sustancial.

Siento no haber oído tu llamada, pero si me esperas al pie de la montaña estaré contigo literalmente enseguida.

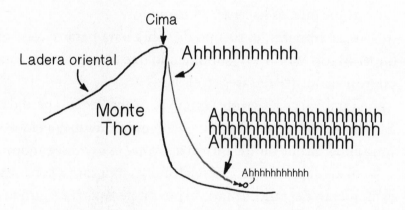

Ahhhhhhhhhhhhhh [Toma aire] Ahhhhhhhhhhhhhhhhhhhhhhhhhhhhhhhhhhhh.

Es difícil saber a qué distancia exactamente: además del terreno en concreto, depende mucho de la ropa que lleves puesta. Un comentario de Wikipedia decía sobre los récords de saltos BASE:

El mayo récord [de tiempo de caída] sin un traje aéreo es difícil de calcular, dado que la línea divisoria entre jeans y trajes aéreos se ha difuminado desde la incorporación de ropa más... avanzada.

Esto nos lleva a los trajes aéreos, que están a medio camino entre los pantalones de paracaidista y los paracaídas.

Los trajes aéreos te permiten caer mucho más despacio. Un especialista en trajes aéreos publicó los datos de una serie de saltos. Estos mostraban que cuando planeas un traje aéreo puede perder altitud a 18 metros por segundo (una enorme mejoría respecto a los 55).

Incluso omitiendo el desplazamiento horizontal, eso alargaría nuestra caída alrededor de un minuto. Eso es tiempo suficiente para jugar una partida de ajedrez. También es tiempo suficiente para cantar el primer verso —muy oportunamente— de la canción de REM *Es el fin del mundo tal y como lo conocemos,* seguido de —no tan oportunamente— todo el break del final del *Wannabe* («Querer ser») de las Spice Girls.

Entonces esta es la historia de la A a la Z si quieres estar conmigo escucha cuidadosamente

Cuando incluimos acantilados más altos que se pueden planear de manera horizontal, los tiempos se alargan todavía más.

Hay muchas montañas que podrían soportar vuelos muy largos con traje aéreo. Por ejemplo, Nanga Parbat, una montaña de Pakistán, tiene una caída de más de 3 kilómetros con bastante ángulo de inclinación. (Sorprendentemente, un traje aéreo sigue funcionando bien con un aire tan poco denso, aunque el saltador necesitaría oxígeno y planearía un poco más rápido de lo normal).

Hasta el momento, el récord de salto BASE con traje aéreo más largo lo tiene Dean Potter, que saltó desde Eiger —una montaña en Suiza— y voló durante 3 minutos y 20 segundos.

¿Qué puedes hacer en 3 minutos y 20 segundos?

Supongamos que contratamos a Joey Chestnut y Takeru Kobayashi, los mayores comedores del mundo.

Si encontramos la manera de que puedan manejar los trajes aéreos mientras comen a toda velocidad y saltasen desde el Eiger, podrían —en teoría— acabarse 45 *hot dogs* calientes entre los dos antes de tocar el suelo.

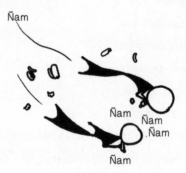

... Lo que les haría ganar, por lo menos, el que podría ser el récord mundial más raro de la historia.

Preguntas extrañas (y preocupantes) de la bandeja de entrada de *¿Qué pasaría si...?* (9)

P. ¿Podrías sobrevivir a un maremoto si te sumergieras en una piscina excavada en el suelo?

CHRIS MUSKA

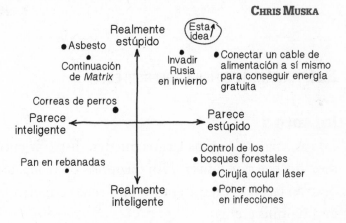

P. Si estás en caída libre y te falla el paracaídas pero tienes un «gusano de resorte» Slinky con la correcta masa, tensión, etcétera, ¿sería posible salvarse si lo lanzas hacia arriba mientras te sujetas a un extremo?

VARADARAJAN SRINIVASAN

Esparta

P. En la película *300* lanzan flechas al cielo y parece que tapan el sol. ¿Es posible? ¿Cuántas flechas harían falta?

ANNA NEWELL

R. ES BASTANTE DIFÍCIL CONSEGUIR ESTO.

Intento 1

Los arqueros de arcos largos pueden disparar entre ocho y diez flechas por minuto. En términos de física, un arquero de arco largo es un generador de flechas con una frecuencia de 150 milihercios.

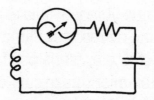

Cada flecha sólo pasa unos segundos en el aire. Si el tiempo medio de una flecha sobre un campo de batalla es de tres segundos, entonces alrededor de un 50 por ciento de los arqueros tienen flechas en el aire en un momento dado.

Cada flecha intercepta alrededor de 40 cm² de luz solar. Dado que los arqueros sólo tienen flechas en el aire la mitad del tiempo, cada uno bloquea una media de 20 cm² de luz solar.

Si los arqueros se amontonan en filas, con dos arqueros por metro y una fila cada metro y medio, y una unidad de arqueros es de 20 filas (30 metros) de profundidad, entonces para cada metro de ancho...

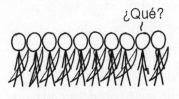

¿Qué?

Vista superior

(20 filas en total)

... Habría 18 flechas en el aire...

Estas 18 flechas taparán sólo alrededor de un 0.1 por ciento del sol desde el campo de tiro. Debemos mejorarlo.

Intento 2

En primer lugar, podemos agrupar a los arqueros más juntos. Si están de pie con la densidad de una gran multitud[1], pode-

---

1 Regla general: una persona por metro cuadrado es una pequeña multitud, cuatro personas por metro cuadrado son una gran multitud.

mos triplicar el número de arqueros por metro cuadrado. Es verdad que de esta forma disparar será extraño, pero estoy seguro de que se las arreglarán.

Podemos ampliar el alcance de la columna de fuego a 60 metros. Eso nos da una densidad de 130 arqueros por metro.

¿A qué velocidad pueden disparar?

En la versión ampliada de la película *El señor de los anillos: la comunidad del anillo* hay una escena en la que un grupo de orcos[2] ataca a Legolas y este saca y lanza flechas en una rápida sucesión, disparando a cada agresor antes de que ninguno le alcance.

El actor que hace el papel de Legolas, Orlando Bloom, en realidad no podía disparar así de rápido. De hecho él disparaba sin municiones; las flechas se añadieron usando CGI. Dado que al público le parecía que la velocidad de tiro era impresionantemente rápida pero físicamente plausible, podemos establecer un límite superior para nuestros cálculos. Supongamos que entrenamos a nuestros arqueros para reproducir la velocidad de disparo de Legolas de siete flechas cada ocho segundos.

En este caso, nuestra columna de arqueros (disparando la imposible cifra de 339 flechas por metro) seguirá tapando sólo el 1.56 por ciento de la luz solar.

---

2 Estrictamente hablando, eran uruk-hai, no los orcos típicos. La naturaleza y origen de los uruk-hai es un poco compleja. Tolkien sugería que eran un cruce entre humanos y orcos. Sin embargo, en un borrador anterior del *Libro de los cuentos perdidos,* sugiere en su lugar que los uruks nacieron de «la lava y el lodo subterráneo de la tierra». El director Peter Jackson en su adaptación cinematográfica se decidió inteligentemente por la última versión.

Intento 3

Vamos a prescindir de las flechas por completo y a darles a nuestros arqueros ametralladoras Gatling. Si pueden disparar 70 flechas por segundo, eso supone 110 metros cuadrados de flechas por 100 metros cuadrados de campo de batalla. Perfecto.

Pero hay un problema. Aunque las flechas tienen un área transversal de 100 metros, algunas de ellas hacen sombra sobre otras.

La fórmula para la fracción de cobertura del terreno por un gran número de flechas teniendo en cuenta que algunas se superponen es:

$$\left(01 - \frac{\text{área de flechas}}{\text{área del terreno}} \right)^{\text{número de flechas}}$$

Con 110 metros cuadrados de flechas solo cubrirás dos tercios del campo de batalla. Dado que tus ojos comprueban el brillo en una escala logarítmica, si se reduce el resplandor del sol a un tercio de su valor normal se verá un poco oscuro, pero desde luego no quedará «tapado».

Con una velocidad de disparo todavía más poco realista, podríamos hacer que funcionara. Si las armas disparan 300 flechas por segundo, taparían el 99 por ciento de la luz solar que llegara al campo de batalla.

Pero hay una manera más sencilla.

Intento 4

Hemos estado suponiendo implícitamente que el sol está justo encima. Eso es lo que se ve en la película, pero quizá esa famosa escena relataba un plan de ataque ejecutado al amanecer.

Si el sol estuviera bajo en el horizonte oriental y los arqueros dispararan al norte, entonces la luz tendría que pasar a través de toda la columna de flechas, multiplicando potencialmente el efecto de la sombra mil veces.

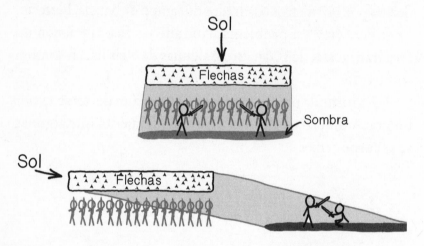

Por supuesto que las flechas no apuntarían a ningún lugar cercano a los soldados enemigos. Pero, para ser justos, todo lo que dijeron era que las flechas taparían el sol. Nunca dijeron nada de dar a nadie.

Y quién sabe, quizá frente al enemigo adecuado eso es todo lo que necesitan.

Vaciar los océanos

P. ¿A qué velocidad se vaciarían los océanos si se creara una apertura circular de 10 metros de radio que conectara el espacio con el fondo del Abismo Challenger, el punto más profundo del océano? ¿Cómo cambiaría la Tierra a medida que el agua se fuera vaciando?

TED M.

R. PRIMERO QUIERO ACLARAR ALGO.

Según mis cálculos aproximados, si un portaaviones se hundiera y se quedara atascado en el orificio, la presión bastaría para doblarlo y succionarlo. Genial.

¿A qué distancia se encuentra esa apertura? Si la ponemos cerca de la Tierra, el océano sencillamente volvería a caer a la atmósfera. Al caer se calentaría y se convertiría en vapor, el cual se condensaría y volvería a caer al océano en forma de lluvia. La entrada de energía en la atmósfera también causaría estragos en nuestro clima, al igual que las enormes nubes de vapor de gran altitud.

Por lo tanto, pongamos la apertura de vertidos marinos lejos, digamos por ejemplo en Marte. (De hecho voto por que la pongamos directamente sobre el Rover *Curiosity;* de ese modo sería una prueba indiscutible de la existencia de agua líquida en la superficie de Marte).

¿Qué le pasa a la Tierra?

No mucho. El océano, de hecho, tardaría cientos de miles de años en vaciarse.

Aunque la apertura es más ancha que un campo de baloncesto y el agua pasaría a una velocidad increíble, los océanos son enormes. Cuando empezaras, el nivel del agua descendería menos de 1 centímetro al día.

Ni siquiera habría un remolino en la superficie, ya que la apertura es demasiado pequeña y el océano es demasiado profundo. (De la misma forma que no se hace un remolino en la bañera antes de que el agua se haya vaciado más de la mitad).

Pero supongamos que aceleramos el vaciado abriendo más orificios[1], de modo que el nivel del agua empieza a descender más rápido.

Echemos un vistazo a cómo cambiaría el mapa.

Aquí vemos cómo está al principio:

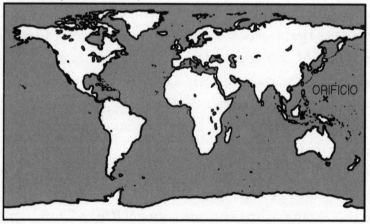

TIERRA (tamaño actual)

Esta es una proyección de Plate Carrée (cf. xkcd.com/977).

---

1 Acuérdate de limpiar el filtro de ballenas de vez en cuando.

Y este es el mapa después de que los océanos descendieran 50 metros:

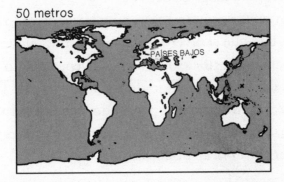

Es muy similar, pero hay pequeños cambios. Sri Lanka, Nueva Guinea, Gran Bretaña, Java y Borneo ahora están conectadas con sus vecinos. Y después de 2,000 años intentando retener el mar, los Países Bajos están por fin altos y secos. Al dejar de vivir con la amenaza constante de una inundación catastrófica, pueden poner su energía en la expansión exterior. De inmediato se diseminan y reclaman las nuevas tierras.

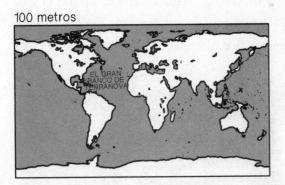

Cuando el nivel del mar alcanza (menos) 100 metros, aparece una isla nueva y enorme frente a la costa de Nueva Escocia, el antiguo lugar del Gran Banco de Terranova.

Puede que empieces a notar algo extraño: no todos los mares se están encogiendo. El mar Negro, por ejemplo, sólo encoge un poco, luego se detiene.

Esto es así porque estos ya no están conectados al océano. A medida que el nivel del agua desciende, algunas cuencas se separan del orificio del Pacífico. Dependiendo de cómo sea el fondo marino, el flujo de agua que sale de la cuenca puede excavar un canal más profundo, permitiendo que siga manando. Sin embargo, la mayoría de ellos acabarán rodeados de tierra y dejarán de vaciarse.

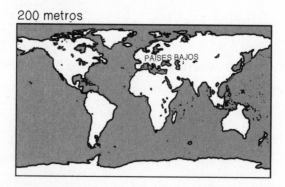

200 metros

A 200 metros el mapa empieza a parecer extraño. Aparecen islas nuevas. Indonesia es una enorme masa. Ahora los Países Bajos controlan casi toda Europa.

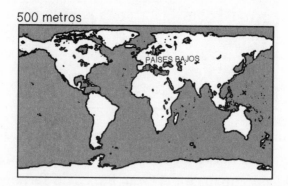

500 metros

Japón ahora es un istmo que conecta la península de Corea con Rusia. Nueva Zelanda adquiere nuevas islas. Los Países Bajos se extienden hacia el norte.

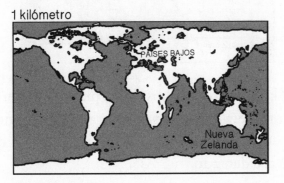

Nueva Zelanda crece de manera considerable. El océano Ártico cruza el nuevo puente terrestre hasta América del Norte.

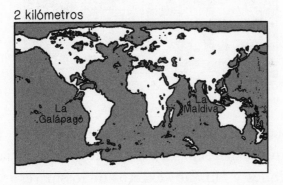

El mar ha decrecido 2 kilómetros. Están saliendo islas nuevas a la izquierda y a la derecha. El mar Caribe y el golfo de México están perdiendo sus conexiones con el Atlántico. Ni siquiera sé qué es lo que están haciendo los Países Bajos.

3 kilómetros

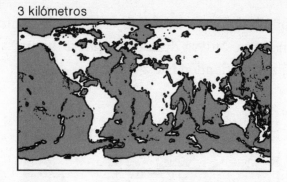

A 3 kilómetros muchos de los picos de la dorsal oceánica, la cordillera montañosa más grande del mundo, romperían la superficie. Emergerían franjas enormes de nuevo territorio accidentado.

5 kilómetros

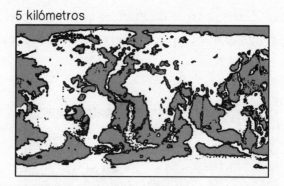

Llegado este punto, la mayor parte de los océanos importantes se han separado y han dejado de vaciarse. Las localizaciones y tamaños exactos de los mares interiores son difíciles de predecir; esto es sólo una estimación aproximada.

VACIADO

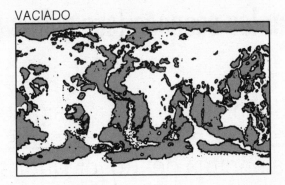

Así es el aspecto de un mapa cuando el orificio se termina de vaciar. Sorprendentemente queda una gran cantidad de agua, aunque la mayor parte consiste en mares muy pocos profundos, con unas cuantas zanjas donde el agua tiene 4 o 5 kilómetros de profundidad.

Vaciar la mitad de los océanos alteraría enormemente el clima y los ecosistemas, de una manera difícil de predecir. Como mínimo supondría un colapso de la biosfera y extinciones masivas en todos los ámbitos.

Pero es posible —aunque poco probable— que los humanos pudieran sobrevivir. Si lo consiguiéramos, esto es lo que nos esperaría:

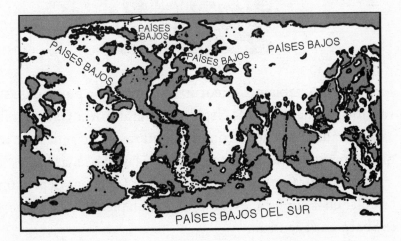

Vaciar los océanos (segunda parte)

P. Suponiendo que consiguieras vaciar los oceános y echaras el agua encima del Rover *Curiosity,* ¿cómo cambiaría Marte al acumularse encima esa agua?

IAIN

R. EN LA RESPUESTA ANTERIOR abrimos un orificio en la fosa de las Marianas y dejamos que los océanos se vaciaran.

No nos habíamos preocupado mucho de por dónde se vaciaban los océanos. He elegido Marte; al Rover *Curiosity* le está costando mucho encontrar algún rastro de agua, por lo que he pensado que podíamos ponerle las cosas más fáciles.

El Rover *Curiosity* está en el cráter Gale, una depresión circular en la superficie de Marte con un pico llamado Monte Sharp en el centro.

Hay mucha agua en Marte. El problema es que está congelada. El agua en estado liquido allí no dura mucho, porque hace demasiado frío y hay muy poco aire.

Si pones una taza de agua caliente en Marte, intentará hervirse, congelarse y sublimarse, prácticamente todo a la vez. El agua en Marte parece querer estar en cualquier estado menos en el líquido.

Sin embargo, estamos tirando mucha agua muy rápido (a unos cuantos grados por encima de 0°C) y no tendrá mucho tiempo para congelarse, hervirse ni sublimarse. Si nuestra apertura es lo bastante grande, el agua empezará a convertir el cráter Gale en un lago, del mismo modo que ocurriría en la Tierra. Podemos usar el excelente mapa topográfico de Marte del Instituto Geológico de Estados Unidos (USGS según sus siglas en inglés) para registrar el progreso del agua.

Aquí tenemos el cráter Gale al principio de nuestro experimento:

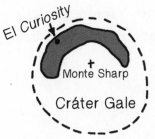

Según aumenta el flujo, el lago se llena y sumerge al Curiosity bajo cientos de metros de agua:

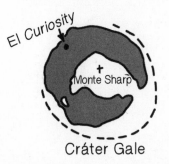

Al final, el Monte Sharp se vuelve una isla. Sin embargo, antes de que éste desaparezca por completo, el agua rebosa sobre el borde norte del cráter y empieza a fluir por la tierra.

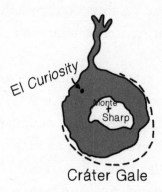

Hay pruebas que demuestran que debido a ocasionales olas de calor el hielo del suelo de Marte se derrite y fluye como líquido de manera puntual. Cuando esto sucede, el agua se seca muy rápido, antes de poder llegar muy lejos. Sin embargo, ahora tenemos mucho océano a nuestra disposición.

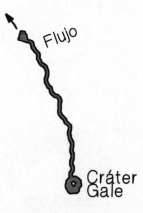

Los embalses de agua de la cuenca del Polo Norte:

gradualmente llenarán la cuenca:

Sin embargo, si miramos un mapa de las regiones de Marte más ecuatoriales, donde están los volcanes, veremos que sigue habiendo mucha tierra alejada del agua:

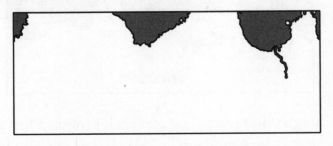

[Proyección Mercator; no muestra los polos].

Sinceramente, creo que este mapa es bastante aburrido, porque no suceden muchas cosas. No es más que una planicie con un poco de océano en la parte superior.

No compraría otra vez.

Todavía no estamos cerca de quedarnos sin océano aunque había mucho azul en el mapa de la Tierra al final de nuestra última respuesta, pero los mares que quedaron eran superficiales; casi todo el volumen de los océanos ha desaparecido.

Y Marte es mucho más pequeño que la Tierra, por lo que el mismo volumen de agua hará un mar más profundo.

Llegado este punto, el agua llena Valles Marineris creando unas costas inusuales. El mapa es menos aburrido, pero el terreno que rodea los grandes cañones produce unas formas extrañas.

El agua ahora alcanza y acapara los robots *Spirit* y *Opportunity*. Al final se adentra en el cráter de impacto Hellas, la cuenca que contiene el punto más bajo de Marte.

En mi opinión el resto del mapa empieza a tener un buen aspecto.

A medida que el agua avanza más, el mapa se separa en varias islas de gran tamaño (y muchas más pequeñas).

El agua enseguida termina de cubrir la mayor parte de los altiplanos, dejando sólo unas cuantas islas.

Entonces, finalmente, termina el flujo; los océanos de la Tierra están vacíos. Analicemos con mayor detenimiento las islas principales:

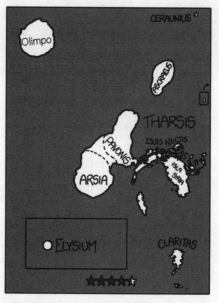

No quedan Rovers por encima del nivel del agua.

El monte Olimpo y otros volcanes permanecen por encima del agua. Sorprendentemente, no están siquiera cerca de ser cubiertos. El monte Olimpo sigue 10 kilómetros por encima del nuevo nivel del mar. Marte tiene algunas montañas enormes.

Estas islas son el resultado de llenar el *Noctis Labyrinthus* (el Laberinto de la Noche) de agua, un extraño conjunto de cañones cuyo origen todavía es un misterio. Los océanos de Marte no durarían. Puede que haya algún efecto invernadero pasajero, pero al fin y al cabo Marte es demasiado frío. Con el tiempo los océanos se congelarán, se cubrirán de polvo y gradualmente migrarán al permahielo de los polos.

Sin embargo, eso llevaría mucho tiempo y hasta entonces Marte sería un lugar mucho más interesante.

Cuando consideras la posibilidad de que haya un orificio prefabricado que permita el tránsito entre los dos planetas, las consecuencias son inevitables.

Twitter

P. ¿Cuántos tweets diferentes son posibles en inglés? ¿Cuánto tiempo tardaría la población mundial en leerlos todos en voz alta?

ERIC H., HOPATCONG, N. J.

Muy al norte, en la tierra llamada Svithjod, se encuentra una roca. Mide 160 kilómetros de alto y 160 kilómetros de ancho. Una vez cada mil años un pajarito va a esa roca para afilarse el pico. Cuando a causa de esto la roca se haya erosionado, entonces habrá pasado un solo día de la eternidad.

HENDRIK WILLEM VAN LOON

R. LOS TWEETS SON 140 CARACTERES DE LARGO. Hay 26 letras en el idioma inglés, 27 si incluyes los espacios. Utilizando ese alfabeto, hay $27^{140} \approx 10^{200}$ posibles cadenas de caracteres.

Pero Twitter no te limita a esos caracteres. Puedes jugar con todo el Unicode, que tiene espacio para más de un millón de caracteres diferentes. La forma en que Twitter cuenta los caracteres de Unicode es complicada, pero el número de posibles cadenas podría ser tan alto como 10^{800}.

Por supuesto, casi todas serían mezclas sin sentido de caracteres de una docena de idiomas distintos. Incluso si estás limitado a las 26 letras del inglés, las cadenas estarían llenas de mezclas sin sentido como «ptikobj». La pregunta de Eric era sobre tweets que realmente digan algo en inglés. ¿Cuántos de esos son posibles?

Esta es una pregunta difícil. El primer impulso sería permitir sólo palabras en inglés. Luego podrías restringirlo aún más a frases gramáticalmente válidas.

Pero se complica. Por ejemplo: «Hola, soy Mxyztplk» es una frase gramáticalmente válida si resulta que te llamas Mxyztplk. (Si lo piensas, sólo es gramáticalmente válida si estás mintiendo). Evidentemente, no tiene sentido contar cada cadena que empieza con «Hola, soy...» como una frase distinta. Para cualquiera que hable inglés, «Hola, soy Mxyztplk» es prácticamente imposible de distinguir de «Hola, soy Mxzkqklt» y no debería contar. Pero «Hola, soy xPoKeFaNx» es claramente distinta de las dos primeras, aunque «xPoKeFaNx» no es una palabra inglesa ni por asomo.

Nuestra forma de medir la diferenciación parece desmoronarse. Por suerte, hay un enfoque mejor.

Imaginémonos un idioma que sólo tenga dos frases válidas y cada tweet deba ser una de estas dos frases. Son:

- Hay un caballo en el pasillo cinco.
- Mi casa está llena de trampas.

Twitter tendría este aspecto:

Los mensajes son relativamente largos, pero no hay mucha información en cada uno de ellos, lo único que te dicen es si la persona ha decidido mandar el mensaje de las trampas o el del caballo. Es efectivamente un 1 o un 0. Aunque hay muchas letras, para un lector que conoce el patrón del idioma, cada tweet contiene un solo bit de información por frase.

Este ejemplo hace alusión a una idea muy profunda, que es que la información está fundamentalmente ligada a la incertidumbre del receptor sobre el contenido del mensaje y su habilidad de predecirlo de antemano[1].

Claude Shannon, que inventó casi sin ayuda la teoría de la información moderna, tenía un método muy ingenioso para medir el contenido de información de un idioma. Enseñaba a grupos de gente muestras de textos normales en inglés

---

1 También hace alusión a una idea muy superficial sobre la presencia de un caballo en el pasillo cinco.

cortados en un punto aleatorio y luego les pedía que adivinaran qué letra venía después.

¡Amenaza con inundar nuestra ciudad de información!

Basándose en los índices de aciertos y en rigurosos análisis matemáticos, Shannon determinó que la información que contenía un texto normal en inglés era de 1.0 a 1.2 bits por letra. Esto significa que un buen algoritmo de compresión debería ser capaz de comprimir un texto en inglés en código ASCII, que son 8 bits por letra, a aproximadamente 1/8 de su tamaño original. De hecho, si utilizas un buen compresor de archivos en un libro electrónico de .txt, eso es más o menos lo que encontrarás.

Si un texto contiene n bits de información, en cierto modo significa que hay 2^n mensajes distintos que puede expresar. Esto requiere hacer algunos malabarismos matemáticos (teniendo en cuenta, entre otras cosas, la longitud del mensaje y algo llamado «distancia de unicidad»), pero la conclusión es que sugiere que hay del orden de unos $2^{140 \times 1.1} \approx 2 \times 10^{46}$ tweets con significado en inglés, en vez de 10^{200} o 10^{800}.

Entonces, ¿cuánto tiempo tardaría la población mundial en leerlos todos?

Para leer 2×10^{46} tweets, una persona necesitaría casi 10^{47} segundos. Es un número tan asombrosamente alto de tweets que casi no importa si los leen una persona o mil millones, no serán capaces de progresar de forma significativa en la lista en toda la vida de la Tierra.

En su lugar, volvamos a pensar en ese pájaro que se afila el pico en la cima de la montaña. Supongamos que el pájaro raspa un trocito de roca de la montaña cuando la visita cada mil años y se lleva esas varias docenas de partículas de polvo cuando se marcha. (Un pájaro normal probablemente depositaría más materiales del pico en la montaña de los que se llevaría, pero ninguna otra cosa en este supuesto es normal, así que lo ignoraremos).

Pongamos que lees los tweets en voz alta durante 16 horas al día. Y detrás de ti, cada mil años, el pájaro llega y rasca unas pocas partículas invisibles de polvo de la cima de la montaña de 160 kilómetros con el pico.

Cuando la montaña se ha erosionado hasta el suelo, ese es el primer día de la eternidad.

La montaña reaparece y el ciclo vuelve a empezar durante otro día eterno: 365 días eternos, cada uno de 10^{32} años de largo, hacen un año eterno.

Cien años eternos en los que el pájaro reduce a polvo 36,500 montañas hacen un siglo eterno.

Pero un siglo no es suficiente. Ni un milenio.

En leer todos los tweets se tardan diez mil años eternos.

Eso es bastante tiempo para ver desarrollarse toda la historia de la humanidad, desde la invención de la escritura hasta el presente, en donde cada día dura tanto como tarda el pájaro en desgastar una montaña.

Aunque 140 caracteres no parecen mucho, nunca nos quedaríamos sin cosas que decir.

Puente de Lego

P. ¿Cuántas piezas de Lego harían falta para construir un puente que fuera capaz de conectar el tráfico desde Londres hasta Nueva York? ¿Se han fabricado tantas piezas de Lego?

JERRY PETERSEN

R. EMPECEMOS CON UNA META menos ambiciosa.

Realizar la conexión

Sin duda se han fabricado suficientes piezas de Lego[1] para conectar Nueva York y Londres. En unidades de LEGO[2], Nueva York y Londres están a 700 millones de broches de distancia. Eso significa que si colocaras las piezas así...

---

1 Aunque los fanáticos señalarán que debe escribirse LEGO.

2 De hecho, LEGO Group® exige que se escriba LEGO®.

... Harían falta 350 millones para conectar las dos ciudades. El puente no podría mantenerse en pie ni soportar nada más grande que una minifigura de LEGO®[3], pero es un comienzo.

Se han producido 400 mil millones de piezas de Lego[4] a lo largo de los años. Pero ¿cuántas de esas piezas son de las que servirían para construir un puente y cuántas son pequeñas viseras de casco de las que se pierden en la alfombra?

Supongamos que vamos a construir nuestro puente con la pieza de LeGo[5] más común: la de 2x4.

Con los datos proporcionados por Dan Boger, archivero de juegos de Lego[6] y director de la página web de datos de Lego Peeeron.com, he llegado a la siguiente estimación aproximada: 1 de cada 50 a 100 piezas es de las rectangulares de 2x4. Esto sugiere que existen aproximadamente de 5,000 a 10,000 millones de piezas de 2x4, mucho más que suficiente para nuestro puente de una pieza de ancho.

Soportar coches

Por supuesto, si queremos que soporte tráfico de verdad, necesitaremos hacer el puente un poco más ancho.

---

3 Por otra parte, los escritores no están legalmente obligados a incluir el símbolo de la marca registrada. Según el manual de estilo de Wikipedia, debe escribirse Lego.

4 Al estilo de Wikipedia no le faltan críticos. El debate en la página de discusión sobre este asunto provoca muchas peleas acaloradas, incluidas algunas amenazas legales sin fundamento. También debaten el uso de la cursiva.

5 Vale, nadie lo escribe así.

6 Está bien.

Probablemente nos conviene hacer que el puente flote. El océano Atlántico es profundo y es preferible evitar en lo posible construir torres de 5 kilómetros de alto con piezas de Lego.

Las piezas de Lego no crean un sellado hermético cuando las encajas[7] y el plástico del que están hechas es más denso que el agua. Eso es bastante fácil de solucionar; si ponemos una capa de sellador sobre la superficie externa, el bloque resultante es considerablemente menos denso que el agua.

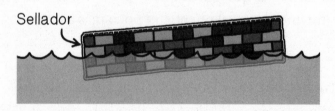

Por cada metro cúbico de agua que desplaza, el puente puede soportar 400 kg. El típico auto pesa un poco menos

---

7 Cita: una vez hice un barco de Lego, lo metí en el agua y se hundió :(

de 2,000 kg, así que nuestro puente necesitará un mínimo de 10 metros cúbicos de Lego por cada auto.

Si hacemos el puente de 1 metro de grosor y 5 metros de ancho, entonces debería mantenerse a flote sin problemas (aunque puede que quedara muy cerca del agua) y ser lo bastante fuerte como para conducir por él.

Los Legos[8] son bastante fuertes; según una investigación de la BBC, podrías apilar un cuarto de millón de piezas de 2x2 una encima de otra antes de que se derrumbase la base[9].

El primer problema con esta idea es que no hay bastantes piezas de Lego en el mundo para construir este tipo de puente. Nuestro segundo problema es el océano.

Fuerzas extremas

El Atlántico Norte es un sitio tormentoso. Aunque nuestro puente se las arreglaría para evitar las zonas donde es más intensa la Corriente del Golfo, seguiría sometido a intensos vientos y a la fuerza de las olas.

¿Cuán fuerte podemos hacer nuestro puente?

Gracias a un investigador de la Universidad del Sur de Queensland llamado Tristan Lostroh, tenemos algunos datos sobre la resistencia a la tracción de ciertas juntas de Lego. Su conclusión, como la de la BBC, es que las piezas de Lego son sorprendentemente fuertes.

Un diseño óptimo utilizaría piezas largas y delgadas superpuestas:

---

8 Seguro que recibo mensajes quejándose de esto.

9 Debió de ser un día con pocas noticias.

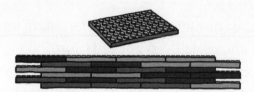

Este diseño sería bastante fuerte (la resistencia a la tracción sería comparable a la del hormigón), pero no lo suficiente. El viento, las olas y la corriente empujarían el centro del puente hacia los lados y crearían una tremenda tensión en su superficie.

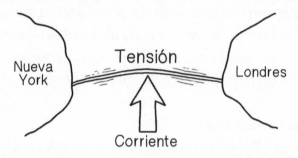

La forma tradicional de resolver esta situación sería anclar el puente al suelo para que no pueda desplazarse demasiado hacia un lado. Si nos permitimos utilizar cables además de las piezas de Lego[10], posiblemente podríamos atar este enorme artilugio al fondo oceánico[11].

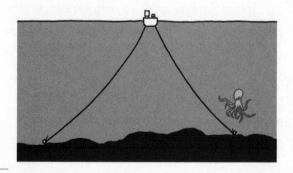

10 Y sellador.

11 Si quisiéramos intentar utilizar piezas de Lego, podríamos conseguir los juegos que incluyen pequeñas cuerdas de nailon.

Pero los problemas no acaban aquí. Un puente de 5 metros podría ser capaz de soportar un vehículo en un apacible estanque, pero nuestro puente tiene que ser lo bastante grande como para mantenerse por encima del agua cuando las olas rompan sobre él. La altura típica de las olas en mar abierto puede ser de varios metros, de manera que necesitamos que la cubierta de nuestro puente flote, como mínimo, pongamos que unos 4 metros sobre el agua.

Podemos hacer nuestra estructura más flotante añadiendo sacos de aire y huecos, pero también tendríamos que hacerla más ancha o se volcaría. Esto significa que tenemos que añadir más anclas, con flotadores en esas anclas para evitar que se hundan. Los flotadores crean más resistencia, que añade tensión a los cables y empuja nuestra estructura hacia abajo, lo que hace que se necesiten más flotadores…

Un momento, esta es la misma idea de la torre otra vez.

Suelo oceánico

Si queremos construir nuestro puente hasta el suelo oceánico, tendremos unos cuantos problemas. No podríamos mantener los sacos de aire abiertos bajo la presión, de forma que la estructura tendría que soportar su propio peso. Para manejar la presión de las corrientes oceánicas, tendríamos que

hacerlo más ancho. Al final, en realidad estaríamos constru-
yendo una carretera elevada.

Como efecto secundario, nuestro puente detendría la
circulación del agua del océano Atlántico Norte. Según los
climatólogos, esto «probablemente sea malo»[12].

Además, el puente cruzaría la dorsal mesoatlántica. El
suelo oceánico Atlántico se extiende hacia fuera desde un
filón en el centro, a un ritmo, en unidades de Lego, de un broche
cada 112 días. Tendríamos que incluir juntas de expansión en
la construcción o conducir hasta el centro de vez en cuando
y añadir un montón de piezas.

Costo

Las piezas de Lego están hechas con plástico ABS, que cuesta aproximadamente un dólar por kilogramo al momento de
redactar esto. Incluso nuestro diseño de puente más sencillo,
el de las ataduras de acero de un kilómetro de largo[13], costaría más de 5 billones de dólares.

Pero ten en cuenta que el valor total del mercado inmo-
biliario de Londres es de 2.1 billones de dólares y las tarifas de
transporte transatlántico son de unos 30 dólares por tonelada.

Esto significa que por menos de lo que nos costaría
nuestro puente podríamos comprar todos los inmuebles de
Londres y mandarlos, pieza a pieza, hasta Nueva York. Luego los podríamos volver a montar en una nueva isla en la
bahía de Nueva York y conectar las dos ciudades con un
puente de Lego mucho más sencillo.

---

12 Dijeron: «Un momento, ¿qué has dicho que estabas intentado construir?» y «A todo esto, ¿cómo has entrado aquí?».

13 Mi capítulo favorito de *Friends*.

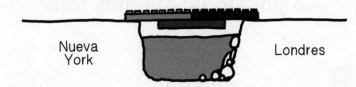

Incluso puede que nos sobrara lo suficiente para comprar ese fantástico juego del Halcón Milenario.

La puesta de sol más larga

P. ¿Cuál es la puesta de sol más larga que puedes observar mientras conduces, suponiendo que respetas el límite de velocidad y conduces por carreteras asfaltadas?

Michael Berg

R. Para contestar a esto, tenemos que asegurarnos de que entendemos a lo que nos referimos con «puesta de sol».

Esto es una puesta de sol:

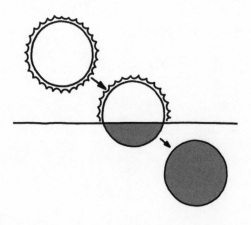

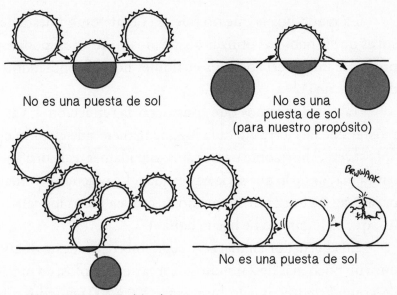

No es una puesta de sol

No es una
puesta de sol
(para nuestro propósito)

No es una puesta de sol

No es una puesta de sol

La puesta de sol empieza en el instante en que el sol toca el horizonte y termina cuando desaparece por completo. Si el sol toca el horizonte y luego vuelve a elevarse, la puesta de sol queda descalificada.

Para que nuestra puesta de sol cuente, el sol tiene que ponerse por detrás del horizonte idealizado, no basta con que lo haga detrás de una colina. Esto no es una puesta de sol, aunque lo parezca:

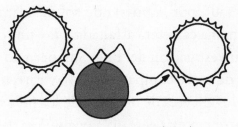

No es una puesta de sol

La razón por la que no puede contar como puesta de sol es que si pudieras utilizar obstáculos arbitrarios, podrías provocar una puesta de sol a cualquier hora escondiéndote detrás de una roca.

También tenemos que considerar la refracción. La atmósfera de la Tierra curva la luz, de manera que cuando el Sol está en el horizonte parece aproximadamente de una anchura mayor de lo que sería en realidad. La práctica habitual parece ser incluir el efecto medio de esto en todos los cálculos, que es lo que yo he hecho aquí.

En el ecuador en marzo y septiembre, la puesta de sol dura un poco más de 2 minutos. Cerca de los polos, en lugares como Londres, puede durar entre 200 y 300 segundos. Es más corta en primavera y otoño (cuando el sol está por encima del ecuador) y más larga en verano e invierno.

Si te quedas quieto en el polo sur a principios de marzo, el sol se queda en el cielo todo el día y completa un círculo justo por encima del horizonte. En algún momento alrededor del 21 de marzo, toca el horizonte en la única puesta de sol del año. Esta puesta de sol dura de 38 a 40 horas, lo que significa que completa más de una vuelta alrededor del horizonte mientras se pone.

Pero la pregunta de Michael ha sido muy inteligente. Ha preguntado por la puesta de sol más larga que puedes observar en una carretera asfaltada. Hay una carretera hasta la base de investigación del Polo Sur, pero no está asfaltada, está hecha de nieve compacta. No hay carreteras asfaltadas en ningún lugar cerca de ninguno de los polos.

La carretera más cercana a cualquiera de los polos que se puede calificar de asfaltada probablemente sea la carretera principal de Longyearbyen, en la isla de Svalbard (Noruega).

(El final de la pista del aeropuerto de Longyearbyen te lleva algo más cerca del polo, aunque conducir un coche por ahí podría traerte problemas).

De hecho, Longyearbyen está más cerca del polo norte que la Base McMurdo de la Antártida del polo sur. Hay un puñado de bases militares, pesqueras y de investigación más al norte, pero ninguna de ellas tiene nada parecido a una carretera; sólo pistas de aterrizaje, que normalmente son de grava y nieve.

Si pasas el rato por el centro de Longyearbyen[1], la puesta de sol más larga que podrías experimentar sería de unos cuantos minutos menos de una hora. En realidad no importa si vas en coche o no; el pueblo es demasiado pequeño para que tu movimiento marque la diferencia. Pero si te diriges hacia tierra firme, donde las carreteras son más largas, puede irte aún mejor.

Si empiezas a conducir desde los trópicos y te mantienes en carreteras asfaltadas, lo más al norte que puedes llegar es hasta el final de la Ruta Europea 69 en Noruega. Hay varias carreteras que se entrecruzan en el norte de Escandinavia, así que parece un buen lugar para empezar. Pero ¿qué carretera deberíamos utilizar?

Instintivamente, parece que nos conviene estar lo más al norte posible. Cuanto más cerca estemos del polo, más fácil será seguir el ritmo del sol.

Por desgracia, resulta que seguir el ritmo del sol no es una buena estrategia. Incluso en esas altas latitudes noruegas, el sol va demasiado rápido. Al final de la Ruta Europea 69,

---

1 Hazte una foto con la señal de «cruce de osos polares».

lo máximo que te puedes alejar del ecuador conduciendo por carreteras asfaltadas, aún tendrías que conducir a aproximadamente la mitad de la velocidad del sonido para seguir el ritmo del sol. (Y la E69 va de norte a sur, no de este a oeste, o sea que de todas formas irías en dirección al mar de Barents).

Por suerte, existe un enfoque mejor.

Si estás en el norte de Noruega un día de los que el sol apenas se pone y luego vuelve a salir, el terminador (la línea de separación entre el día y la noche) se mueve por la tierra siguiendo este recorrido:

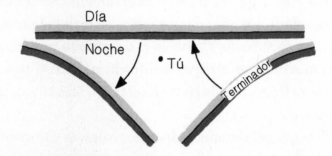

(No confundir con Terminator, que se mueve por la tierra siguiendo este recorrido:)

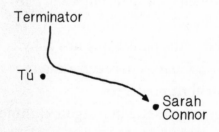

No sé de cuál de los dos tendría que huir.

Para conseguir una larga puesta de sol, la estrategia es sencilla: espera a la fecha en la que el terminador apenas alcance tu posición. Siéntate en tu coche hasta que el terminador te alcance, conduce hacia el norte y mantente un poco por delante de él todo el tiempo que puedas (dependiendo del trazado de la carreta local), luego da media vuelta y conduce regresando hacia el sur lo bastante rápido para pasar de largo hasta la seguridad de la oscuridad[2].

Sorprendentemente, esta estrategia funciona igualmente bien en cualquier punto dentro del Círculo Polar Ártico; así que puedes conseguir esta larga puesta de sol en muchas carreteras a lo largo de Finlandia y Noruega. Realicé una búsqueda de rutas en coche para ver largas puestas de sol utilizando PyEphem y algunos trazos de GPS de las autopistas noruegas. Descubrí que en una gran variedad de rutas y velocidades de viaje, la puesta de sol más larga duraba consistentemente unos 95 minutos, una mejora de unos 40 minutos respecto a la estrategia de quedarse sentado en un punto en Svalbard.

Pero si estás atrapado en Svalbard y quieres hacer que la puesta de sol (o el amanecer) dure un poco más, siempre puedes probar a girar en el sentido contrario a las agujas del reloj[3]. Es cierto que sólo añadirá una pequeñísima fracción de nanosegundo al reloj de la tierra. Pero depende de con quién estés…

… Puede que valga la pena.

<hr />

2 Estas instrucciones también funcionan con el otro tipo de Terminator.

3 En xkcd, «Momento angular»: http://xkcd.com/162/.

Llamada tras estornudo al azar

P. Si llamas a un número de teléfono al azar y dices «salud», ¿qué probabilidades hay de que la persona que conteste acabe de estornudar?

Mimi

R. Es difícil encontrar buenas cifras sobre esto, pero probablemente sea 1 entre 40,000.

Antes de tomar el teléfono, debes tener en cuenta que hay aproximadamente 1 posibilidad entre 1,000,000,000 de que la persona a la estás llamando acabe de asesinar a alguien[1].

---

1 Basado en una tasa de 4 de cada 100,000, que es la media en Estados Unidos, pero de las más altas en los países industrializados.

Te convendría tener más cuidado con tus bendiciones[2].

Sin embargo, dado que los estornudos son mucho más comunes que los asesinatos,[3] aún tienes muchas más probabilidades de dar con alguien que ha estornudado que de pillar a un asesino, así que esta estrategia no es recomendable:

Nota mental: voy a empezar a decir esto cuando la gente estornude.

Comparado con la tasa de homicidios, la tasa de estornudos no se investiga mucho académicamente. La cifra citada más extensamente para la frecuencia media de estornudos viene de un médico entrevistado por *ABC News*, que la fijó en 200 estornudos por persona al año.

Una de las pocas fuentes académicas de datos sobre estornudos es un estudio que hizo un seguimiento de los estornudos de personas que se sometieron una reacción alérgica inducida. Para estimar la tasa media de estornudos, podemos ignorar todos los datos médicos reales que intentaban recoger y sólo

---

2 En inglés, cuando alguien tose se le dice literalmente: «Que Dios te bendiga» (God bless you). Mimi plantea en su supuesto decir esta frase a quien tome el teléfono después de llamar aleatoriamente. (N. de la E.)

3 Cita: estás vivo.

prestar atención a su grupo de control. A este grupo no se le dio ningún tipo de alérgenos; simplemente se sentaron solos en una habitación durante un total de 176 sesiones de 20 minutos[4].

Los sujetos del grupo de control estornudaron cuatro veces durante esas 58 horas o así[5], lo que (suponiendo que sólo estornuden mientras están despiertos) se traduce en unos 400 estornudos por persona al año.

Google Scholar tiene 5,980 artículos de 2012 que mencionan la palabra *sneezing* («estornudar»).

Si la mitad de esos artículos son de Estados Unidos y cada uno tiene una media de cuatro autores, entonces, si marcas el número de teléfono, hay aproximadamente 1 posibilidad entre 10,000,000 de que conteste alguien que, justo ese día, haya publicado un artículo sobre estornudos. Por otra parte, unas 60 personas mueren tras ser alcanzadas por un rayo en Estados Unidos cada año. Eso significa que hay sólo 1 posibilidad entre 10,000,000,000,000 de que llames a alguien dentro de los 30 segundos siguientes a haberle caído un rayo que lo haya matado.

---

4 Para contextualizar, eso son 490 repeticiones de la canción *Hey Jude*.

5 Durante 58 horas de investigación, cuatro estornudos fueron los datos más interesantes. Debería haber elegido las 490 *Hey Jude*.

Por último, supongamos que el día en que se publica este libro, cinco personas que lo leen deciden probar realmente este experimento. Si llaman a distintos números durante todo el día, hay aproximadamente 1 posibilidad entre 30,000 de que en algún momento del día uno de ellos esté comunicando porque la persona a la que ha llamado también está llamando a un extraño al azar para decir «salud».

Y hay 1 posibilidad entre 10,000,000,000,000 aproximadamente de que dos de ellos se llamen mutuamente al mismo tiempo.

Llegados a este punto, la probabilidad se rendirá y a los dos les caerá un rayo.

Preguntas extrañas (y preocupantes) de la bandeja de entrada de *¿Qué pasaría si...?* (10)

P. Si me apuñalan con un cuchillo en el torso, ¿qué probabilidad hay de que no afecte a nada vital y sobreviva?

THOMAS

... Es para un amigo.
Examigo, que diga.

P. Si fuera en moto y diera un salto en una rampa de acrobacias, ¿cuán rápido tendría que moverme para desplegar un paracaídas y aterrizar sin peligro?

ANÓNIMO

P. ¿Qué pasaría si cada día cada humano tuviera un 1 por ciento de probabilidades de convertirse en un pavo y cada pavo tuviera un 1 por ciento de probabilidades de convertirse en un humano?

KENNETH

La Tierra en expansión

P. ¿Cuánto tiempo tardaría la gente en notar su aumento de peso si el radio medio del mundo se expandiera 1 cm cada segundo? (Suponiendo que la composición media de roca se mantuviera).

DENNIS O'DONNELL

R. **LA TIERRA NO SE ESTÁ EXPANDIENDO** en la actualidad.

La gente ha sugerido durante mucho tiempo que podría estar expandiéndose. Antes de que se confirmase la hipótesis de la deriva continental en la década de los años sesenta[1], la gente se había dado cuenta de que los continentes encajan. Se propusieron varias ideas para explicar esto, incluida la idea de que las cuencas oceánicas eran fisuras que se abrieron en la superficie de una Tierra originariamente lisa que se hubie-

-----

1 La prueba irrefutable que confirmó la teoría de placas tectónicas fue el descubrimiento de la expansión del fondo oceánico. La forma en que la expansión del fondo oceánico y la reversión geomagnética se confirmaron eficientemente la una a la otra es uno de mis ejemplos favoritos de descubrimientos científicos en acción.

ra expandido. Esta teoría no se extendió mucho[2], aunque aún aparece periódicamente en YouTube.

Para evitar el problema de las fisuras en el suelo, imaginemos que toda la materia de la Tierra, de la corteza al núcleo, empieza a expandirse de manera uniforme. Para evitar otro supuesto en el que se secan los océanos, supondremos que el océano también se expande[3]. Todas las estructuras humanas permanecerán.

t = 1 segundo

Cuando la Tierra empezara a expandirse, sentirías una ligera sacudida y puede que hasta perdieras el equilibrio por un momento. Esto sería muy breve. Como te estás moviendo hacia arriba a un ritmo constante de 1 cm/s, no notarías ningún tipo de aceleración en curso. Durante el resto del día, no notarías casi nada.

---

2 Resulta que es un poco tonta.

3 Resulta que el océano se está expandiendo, puesto que se está calentando. Ésta es (actualmente) la principal forma en que el calentamiento global está elevando el nivel del mar.

t = 1 día

Tras el primer día, la Tierra se habría expandido 864 metros.

La gravedad tardaría mucho tiempo en aumentar de una forma perceptible. Si pesabas 70 kilogramos cuando empezó la expansión, pesarías 70.01 al final del primer día.

¿Y nuestras carreteras y puentes? Con el tiempo tendrían que romperse, ¿verdad?

No tan rápido como cabría esperar. Este es un acertijo que escuché una vez:

Imagina que ataras una cuerda firmemente alrededor de la Tierra, de manera que se ciñera a la superficie de toda la circunferencia.

Ahora imagina que quisieras elevar la cuerda a 1 metro del suelo.

¿Qué longitud le tienes que añadir a la cuerda?

Aunque pueda parecer que necesitarías kilómetros de cuerda, la respuesta es 6.28 metros. La circunferencia es proporcional al radio, así que si incrementas el radio en 1 unidad, tu circunferencia se incrementa en 2π unidades.

Estirar una línea de 40,000 kilómetros 6.28 metros adicionales es bastante insignificante. Incluso después de un día, los 5.4 kilómetros extra serían soportados bien por prácticamente todas las estructuras. El hormigón se expande y se contrae más que eso cada día.

Tras la sacudida inicial, uno de los primeros efectos que notarías sería que tu GPS dejaría de funcionar. Los satélites permanecerían en aproximadamente las mismas órbitas, pero el delicado dispositivo para medir el tiempo en el que está basado el sistema GPS se estropearía en cuestión de horas. La coordinación del tiempo del GPS es increíblemente precisa; de todos los problemas de ingeniería, es uno de los pocos en los que los ingenieros se han visto obligados a incluir tanto relatividad especial como general en sus cálculos.

La mayoría del resto de relojes seguiría funcionando bien. Sin embargo, si tienes un reloj de péndulo muy preciso, puede que notaras algo extraño: al final del día iría tres segundos adelantado.

t = 1 mes

Después de un mes, la Tierra se habría expandido 26 kilómetros, un incremento del 0.4 por ciento, y su masa habría aumentado un 1.2 por ciento. La gravedad de la superficie solo se habría elevado un 0.4 por ciento, en vez de un 1.2 por ciento, ya que la gravedad de la superficie es proporcional al radio[4].

---

4 La masa es proporcional al cubo del radio y la gravedad es proporcional a la masa por el cuadrado inverso del radio, de manera que radio^3/radio^2 = radio.

Puede que notaras la diferencia de peso en una báscula, pero no es gran cosa. La gravedad ya varía de esta forma entre diferentes ciudades. Es recomendable tener esto en cuenta si compras una báscula digital. Si tu báscula tiene una precisión de más de dos decimales, tienes que calibrarla con un peso de prueba, porque la fuerza de la gravedad en la fábrica de básculas no es necesariamente la misma que en tu casa.

Aunque puede que aún no notaras el aumento de la gravedad, te darías cuenta de la expansión. Después de un mes, verías cómo se han abierto muchas grietas en largas estructuras de hormigón y se han estropeado las carreteras elevadas y los puentes viejos. La mayoría de los edificios probablemente estarían bien, aunque aquellos anclados firmemente al lecho de roca podrían empezar a comportarse de forma impredecible[5].

Llegados a este punto, los astronautas de la Estación Espacial Internacional empezarían a preocuparse. No sólo estaría el suelo (además de la atmósfera) elevándose hacia ellos, sino que la mayor gravedad también tendría como consecuencia que su órbita se encogería poco a poco. Tendrían que evacuar enseguida, porque dispondrían como mucho de unos pocos meses antes de que la estación reentrara en la atmósfera y se desorbitara.

t = 1 año

Transcurrido 1 año, la gravedad sería un 5 por ciento mayor. Probablemente notarías el aumento de peso y sin duda no-

---

5 Justo lo que quieres que ocurra en un rascacielos.

tarías fallos en las carreteras, puentes, tendidos eléctricos, satélites y cables submarinos. Tu reloj de péndulo ahora iría cinco días adelantado.

¿Y qué pasaría con la atmósfera?

Si la atmósfera no creciera como la tierra y el agua, la presión del aire empezaría a caer. Esto se debe a una combinación de factores. A medida que se incrementa la gravedad, el aire se vuelve más pesado. Pero como ese aire está extendido sobre una mayor superficie, el efecto final sería la *disminución* de la presión del aire.

Por otra parte, si la atmósfera también se está expandiendo, la presión del aire en la superficie se elevaría. Después de que hayan pasado años, la cima del Everest ya no se encontraría en la «zona de la muerte». Por otra parte, como pesarías más y la montaña sería más alta, escalarla implicaría más esfuerzo.

t = 5 años

Transcurridos 5 años, la gravedad sería un 25 por ciento mayor. Si pesabas 70 kg cuando empezó la expansión, ahora pesarías 88 kg.

La mayoría de nuestras infraestructuras se habrían derrumbado. La causa del derrumbamiento sería el suelo en expansión debajo de ellas, no la mayor gravedad. Sorprendentemente, la mayoría de los rascacielos aguantarían bien con una gravedad mucho mayor[6]. Para la mayoría de ellos, el factor limitante no es el peso, sino el viento.

---

6 Aunque yo no me fiaría de los ascensores.

t = 10 años

Transcurridos 10 años, la gravedad habría aumentado un 50 por ciento. En el supuesto de que la atmósfera no se estuviera expandiendo, el aire se volvería tan poco denso que sería difícil respirar incluso al nivel del mar. En el otro supuesto, estaríamos bien durante un poco más de tiempo.

t = 40 años

Después de 40 años, la gravedad de la superficie de la Tierra se habría triplicado[7]. Llegados a este punto, hasta los humanos más fuertes solo podrían caminar con gran dificultad. Respirar sería difícil. Los árboles se caerían. Los cultivos no soportarían su propio peso. Prácticamente todas las laderas sufrirían enormes desprendimientos cuando los materiales buscaran un ángulo de reposo con menos pendiente.

La actividad geológica también se aceleraría. La mayor parte del calor de la Tierra proviene de la desintegración radioactiva de los minerales de la corteza y el manto[8], y más

---

7 A lo largo de las décadas, la fuerza de la gravedad crecería ligeramente más rápido de lo que cabría esperar, ya que los materiales de la Tierra se comprimirían bajo su propio peso. La presión en el interior de los planetas es más o menos proporcional al cuadrado de su área de superficie, de manera que el núcleo de la Tierra estaría firmemente comprimido. (http://cseligman.com/text/planets/internalpressure.htm).

8 Aunque algunos elementos radioactivos, como el uranio, pesan mucho, se salen a presión de las capas inferiores porque sus átomos no encajan bien con los entramados de roca a esas profundidades. Para obtener más información, lee este capítulo: http://igppweb.ucsd.edu/~guy/sio103/chap3.pdf y este artículo: http://world-nuclear.org/info/Nuclear-Fuel-Cycle/Uranium-Resources/The-Cosmic-Origins-of-Uranium/#.UlxuGmRDJf4.

Tierra significa más calor. Como el volumen se expande más rápido que el área de la superficie, el calor total que mana por metro cuadrado se incrementará.

En realidad no es suficiente como para calentar el planeta de un modo considerable, la temperatura de la superficie de la Tierra está dominada por la atmósfera y el Sol, pero llevaría a más volcanes, más terremotos y movimientos tectónicos más rápidos. Esto sería similar a la situación de la Tierra hace miles de millones de años, cuando teníamos más materiales radioactivos y un manto más caliente.

Una tectónica de placas más activa podría ser buena para la vida. La tectónica de placas juega un papel clave en la estabilización del clima de la Tierra y los planetas más pequeños que la Tierra (como Marte) no tienen suficiente calor interno para sustentar la actividad geológica a largo plazo. Un planeta más grande permitiría más actividad geológica, que es por lo que algunos científicos creen que los exoplanetas ligeramente más grandes que la Tierra («supertierras») podrían ser más aptos para la vida que los del tamaño de la Tierra.

t = 100 años

Después de 100 años, estaríamos experimentando más de 6 ges de gravedad. No sólo seríamos incapaces de movernos para buscar comida, sino que además nuestros corazones no podrían bombear sangre hasta nuestros cerebros. Sólo los pequeños insectos (y animales marinos) serían físicamente capaces de moverse. Tal vez los humanos podríamos sobrevivir en cúpulas de control de presión especialmente fabricadas, mo-

viéndonos con la mayor parte de nuestro cuerpo sumergida en el agua.

Respirar en esta situación sería difícil. Es difícil tomar aire contra el peso del agua, que es por lo que los tubos de buceo sólo funcionan cuando tus pulmones están cerca de la superficie.

Fuera de las cúpulas de baja presión, el aire se volvería irrespirable por un motivo distinto. A alrededor de 6 atmósferas, incluso el aire normal se vuelve tóxico. Aunque nos las arregláramos para sobrevivir a todos los demás problemas, en 100 años estaríamos muertos por la toxicidad del oxígeno. Aparte de la toxicidad, respirar aire denso es difícil simplemente porque pesa.

¿Agujero negro?

¿Cuándo se convertiría la Tierra finalmente en un agujero negro?

Es difícil contestar a eso, porque la premisa de la pregunta es que el radio se expande a un ritmo constante mientras la densidad sigue siendo la misma, y en un agujero negro la densidad se incrementa.

La dinámica de los planetas muy grandes y rocosos no se analiza a menudo, ya que no hay una manera obvia en la que puedan formarse; cualquier cosa así de grande tendría suficiente gravedad para recoger hidrógeno y helio durante la formación de planetas y convertirse en un gigante de gas.

En algún momento, nuestra Tierra creciente alcanzaría el punto en el que añadir más masa hace que se contraiga, en vez de expandirse. Después de este punto, se convertiría en algo como una titilante enana blanca o una estrella de neutrones y luego, si su masa siguiera aumentando, al final se convertiría en un agujero negro.

Pero antes de que llegue tan lejos...

t = 300 años

La pena es que los humanos no vivirían tanto tiempo, pero llegados a este punto pasaría algo espectacular.

Mientras la Tierra crece, la Luna, como todos nuestros satélites, se movería gradualmente en espiral hacia dentro. Tras varios siglos, estaría tan cerca de la Tierra hinchada que las fuerzas de marea entre la Tierra y la Luna serían más fuertes que las fuerzas gravitatorias que mantienen la unidad de la Luna.

Cuando la Luna sobrepasara esta frontera, llamada el límite de Roche, se haría pedazos gradualmente[9] y la Tierra, durante poco tiempo, tendría anillos.

Si te ha gustado, entonces deberías haber movido una masa dentro de su límite de Roche.

---

9 ¡Lo siento, Luna!

Flecha ingrávida

P. En el supuesto de un ambiente con gravedad cero y una atmósfera idéntica a la de la Tierra, ¿cuánto tiempo tardaría el rozamiento del aire en detener una flecha disparada con un arco? ¿Acabaría parada por completo y flotando en el aire?

MARK ESTANO

- -

R. ES ALGO QUE A TODOS NOS HA PASADO. Estás en el interior de una inmensa estación espacial e intentas dispararle a alguien con un arco y una flecha.

Comparado con un problema de física normal, este supuesto está al revés. Normalmente, se considera la gravedad y se omite la resistencia del aire, no al contrario[1]. Como esperarías, la resistencia del aire frenaría la flecha y al final se detendría... después de haber volado muy, muy lejos. Por suerte, durante la mayor parte de ese vuelo no representaría mucho peligro para nadie.

Analicemos lo que pasaría con más detalle.

Pongamos que disparas la flecha a 85 metros por segundo. Eso es más o menos el doble de la velocidad de una bola rápida en la liga profesional de beisbol y está un poco por debajo de los 100 m/s de velocidad de las flechas disparadas con arcos de poleas de gama alta.

La flecha desaceleraría rápidamente. La resistencia del aire es proporcional a la velocidad al cuadrado, lo que significa que cuando va rápido la flecha experimentaría mucho arrastre.

Tras diez segundos de vuelo, la flecha habría viajado 400 metros y su velocidad habría caído de 85 m/s a 25 m/s; 25 m/s es aproximadamente la velocidad a la que una persona normal podría lanzar una flecha.

Eh, Legolas...

---

1 Además, normalmente no disparas a astronautas con un arco y una flecha, al menos no para terminar la carrera.

A esa velocidad, la flecha sería mucho menos peligrosa.

Sabemos por los cazadores que pequeñas diferencias en la velocidad de las flechas marcan una gran diferencia en el tamaño de los animales que pueden matar. Una flecha de 25 gramos que se mueva a 100 m/s puede utilizarse para cazar alces y osos negros. A 70 m/s, puede que sea demasiado lenta para matar a un ciervo. O, en nuestro caso, a un ciervo espacial.

Una vez que la flecha se sale de ese rango, ya no es especialmente peligrosa..., pero aún le falta mucho para detenerse.

A los cinco minutos, la flecha habría volado alrededor de kilómetro y medio y habría disminuido su velocidad a aproximadamente la equivalente a ir caminando. A esa velocidad, experimentaría muy poco arrastre; avanzaría a una velocidad constante, frenando muy poco a poco.

Llegados a este punto, habría ido mucho más lejos de lo que puede ir cualquier flecha en la Tierra. Los arcos de gama alta pueden disparar una flecha a una distancia de un par de cientos de metros sobre un suelo plano, pero el récord mundial de lanzamiento de una flecha con un arco manual es de poco más de un kilómetro.

Este récord lo consiguió el arquero Don Brown en 1987. Él alcanzó dicho récord disparando finas barras de metal con un artilugio espantoso que sólo se parecía vagamente a un arco tradicional.

Y a ti, Legolas, te entrego el arco de Dan Brown. Nos ponía demasiado nerviosos probarlo.

Cuando los minutos se convierten en horas y la flecha desacelera más y más, cambia el flujo de aire.

El aire tiene muy poca viscosidad. Es decir, no está pegajoso. Eso significa que las cosas que vuelan por el aire experimentan arrastre por el empuje del aire que apartan de su camino, no por la cohesión entre las moléculas de aire. Se parece más a mover la mano en una bañera llena de agua que en una llena de miel.

¿Para qué tiene nuestro grifo esa llave?

En unas pocas horas, la flecha se movería tan despacio que apenas se notaría. En este punto, suponiendo que el aire esté relativamente en calma, el aire empezaría a actuar como miel en vez de como agua. Y muy gradualmente la flecha se detendría.

El alcance exacto dependería en gran medida del diseño concreto de la flecha. Pequeñas diferencias en la forma de las flechas pueden cambiar radicalmente la naturaleza del flujo de aire sobre ellas a bajas velocidades. Pero probablemente volaría como mínimo varios kilómetros y podría llegar hasta a 5 o 10.

El problema es el siguiente: actualmente, el único ambiente constante con gravedad cero y una atmósfera como la de la Tierra es la Estación Espacial Internacional. Y su módulo más grande, el Kibo, sólo mide 10 metros de largo.

Esto significa que, si de verdad llevaras a cabo este experimento, la flecha no volaría más de 10 metros. Entonces o se detendría… o le fastidiaría el día a alguien.

Tierra sin Sol

P. ¿Qué le pasaría a la Tierra si el Sol se apagara de repente?

Muchos, muchos lectores

R. Esta es probablemente la pregunta más popular de *¿Qué pasaría si...?*

Una parte de por qué no la he contestado es que ya ha sido contestada. Una búsqueda en Google de «qué pasaría si se apagara el Sol» nos da un montón de artículos excelentes que analizan esta hipótesis a fondo.

Sin embargo, el número de correos que contienen esta pregunta sigue creciendo, así que he decidido contestarla lo mejor que pueda.

Si el Sol se apagara...

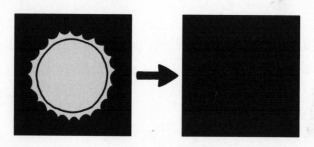

El Sol apagándose.

No nos preocuparemos de cómo pasa exactamente. Simplemente supondremos que hemos encontrado la forma de acelerar la evolución del Sol hasta que se convierta en una esfera fría e inerte. ¿Cuáles serían las consecuencias para nosotros aquí en la Tierra?

Veamos unas cuantas...

• *Menor riesgo de erupciones solares.* En 1859, una gigantesca erupción solar y una tormenta geomagnética azotaron la Tierra. Las tormentas magnéticas inducen corrientes eléctricas en los cables. Por desgracia para nosotros, en 1859 ya habíamos envuelto la Tierra con hilos telegráficos. La tormenta causó potentes corrientes en esos hilos, cortando la comunicación y en algunos casos haciendo que los aparatos telegráficos se prendieran fuego.

Desde 1859, hemos envuelto la Tierra con muchos más cables. Si la tormenta de 1859 nos alcanzara hoy, el Departamento de Seguridad Nacional estima que las pérdidas económicas ascenderían sólo en Estados Unidos a varios billones de dólares, más que todos los huracanes juntos que han arrasado en el pasado este país. Si el Sol se apagara, esta amenaza dejaría de existir.

• *Mejor servicio por satélite.* Cuando un satélite de comunicaciones pasa por delante del Sol, este puede ahogar la señal de radio del satélite y causar una interrupción en el servicio. Desactivar el Sol solucionaría este problema.

• *Mejor astronomía.* Sin el Sol, los observatorios terrestres podrían operar las 24 horas del día. El aire más frío crearía menos ruido atmosférico, lo que reduciría la carga en los sistemas de óptica adaptiva y facilitaría unas imágenes más nítidas.

• *Polvo estable.* Sin luz solar, no existiría el efecto Poynting-Robertson, lo que significa que por fin seríamos capaces de colocar el polvo en una órbita estable alrededor del Sol sin que las órbitas se deterioraran. No estoy seguro de que alguien quiera hacer eso, pero nunca se sabe.

• *Menores costos en infraestructuras.* El Departamento de Transporte estima que costaría 20,000 millones de dólares al año durante los próximos 20 años reparar y mantener todos los puentes de Estados Unidos. La mayoría de los puentes están sobre el agua; sin el Sol, podríamos ahorrar dinero simplemente conduciendo sobre una pista de asfalto puesta sobre el hielo.

• *Comercio más barato.* Las zonas horarias encarecen el comercio; es más difícil hacer negocios con alguien si su horario de oficina no coincide con el tuyo. Si el Sol se apagara, eliminaría la necesidad de las zonas horarias y eso nos permitiría a todos pasarnos a la hora UTC y estimular la economía.

• *Niños más seguros.* Según el Departamento de Sanidad de Dakota del Norte, los bebés menores de seis meses deben evitar la luz solar directa. Sin luz solar, nuestros niños estarán más seguros.

• *Pilotos de combate más seguros.* Mucha gente estornuda cuando se expone a la luz solar intensa. Las razones de este reflejo son desconocidas, pero pueden suponer un peligro para los pilotos de aviones de caza durante el vuelo. Si el Sol se quedara a oscuras, se mitigaría este peligro para nuestros pilotos.

• *Chirivías más seguras.* La chirivía silvestre es una planta sorprendentemente desagradable. Sus hojas contienen sustancias químicas llamadas furanocumarinas, que pueden ser absorbidas por la piel humana sin provocar síntomas... al principio. Sin embargo, después, cuando la piel se expone a la luz del sol (incluso días o semanas más tarde), las furanocumarinas causan una desagradable quemadura química. Esto se llama fitofotodermatitis. Un Sol oscuro nos liberaría de la amenaza de las chirivías.

Consejo para excursionistas:
Qué hacer si te encuentras con chirivías silvestres:

En conclusión, si el Sol se apagara, obtendríamos una gran variedad de beneficios en muchos aspectos de nuestras vidas.

¿Tiene algún inconveniente este supuesto?

Todos nos congelaríamos y moriríamos.

Actualizar una Wikipedia impresa

P. Si tuvieras una versión impresa de toda la Wikipedia (pongamos que en inglés), ¿cuántas impresoras necesitarías para seguir el ritmo de los cambios realizados en la versión *on line?*

MAREIN KÖNINGS

R. TODAS ÉSTAS.

Si un pretendiente te llevara a su casa y vieras una fila de impresoras funcionando en la sala de estar, ¿qué pensarías?

¡Ésas son, sorprendentemente, pocas impresoras! Pero antes de que intentes crear una Wikipedia en papel constantemente actualizada, veamos lo que estarían haciendo esas impresoras… y cuánto costarían.

Imprimir Wikipedia

Hay gente que se ha planteado imprimir la Wikipedia con anterioridad. Un estudiante, Rob Matthews, imprimió todos los artículos destacados de Wikipedia y obtuvo un libro de varios metros de grosor.

Por supuesto, eso es sólo una pequeña parte de lo mejor de Wikipedia; la enciclopedia entera sería mucho más grande. Tompw, un usuario de Wikipedia, ha creado una herramienta que calcula el tamaño actual de toda la Wikipedia en inglés si se volcara a volúmenes impresos. Ocuparía muchas estanterías.

Mantenerse al día con las ediciones sería difícil.

Mantenerse actualizado

La Wikipedia en inglés recibe actualmente entre 125,000 y 150.000 ediciones al día, o de 90 a 100 por minuto.

Podríamos tratar de definir una forma de medir el «número de palabras» de la edición media, pero eso roza lo imposible. Por suerte, no necesitamos hacerlo, podemos simplemente estimar que cada cambio va a requerir que reimprimamos una página en algún lugar. Muchas ediciones en realidad cambiarían varias páginas que habría que imprimir de nuevo, pero otras ediciones son vueltas atrás, lo que nos permitiría volver a añadir páginas que ya habíamos imprimido antes[1]. Una página por edición parece un punto medio razonable.

Para la mezcla de fotos, tablas y texto típica de Wikipedia, una buena impresora de inyección de tinta podría publicar 15 páginas por minuto. Eso significa que sólo necesitarías unas seis impresoras en funcionamiento en cualquier momento dado para seguir el ritmo de las ediciones.

---

1 El sistema de archivo que se necesitaría para esto sería alucinante. Estoy luchando contra el impulso de ponerme a diseñarlo.

El papel se acumularía rápidamente. Utilizando el libro de Rob Matthews como punto de partida, hice mis propios cálculos aproximados del tamaño de la Wikipedia actual en inglés. Basándome en la extensión media de los artículos destacados comparados con todos los artículos, llegué a una estimación de 300 metros cúbicos para una copia impresa de todo en texto sin formato.

Por comparación, si intentaras mantenerte al día con todas las ediciones, imprimirías 300 metros cúbicos al mes.

500.000 dólares al mes

Seis impresoras no son tanto, pero estarían en marcha todo el tiempo. Y eso es caro.

La electricidad para que funcionen sería barata, unos pocos dólares al día.

El papel costaría alrededor de 1 centavo por hoja, lo que significa que te gastarás aproximadamente 1,000 dólares al día en papel. Necesitarías contratar gente para manejar las impresoras las 24 horas del día, siete días a la semana, pero en realidad eso costaría menos que el papel.

Ni siquiera las propias impresoras serían demasiado caras, a pesar del espantosamente rápido ciclo de sustitución.

Pero los cartuchos de tinta serían una pesadilla.

Tinta

Un estudio de QualityLogic descubrió que para la típica impresora de inyección el costo de la tinta a precio de mercado iba de 5 centavos por página en blanco y negro a unos 30 centavos por página con fotos. Esto significa que te gastarías cantidades de cuatro o cinco cifras al día en cartuchos de tinta.

Definitivamente te conviene invertir en una impresora láser. De lo contrario, en sólo un mes o dos este proyecto podría acabar costándote medio millón de dólares.

Pero ni siquiera esa es la peor parte.

El 18 de enero de 2012, Wikipedia bloqueó todas sus páginas para protestar por las propuestas de ley que limitaban la libertad en Internet. Si algún día Wikipedia decide volver a llevar a cabo un apagón y quieres unirte a la protesta…

… Tendrás que conseguir una caja de rotuladores[2] y pintar de negro todas las páginas tú mismo.

Yo, sin duda, me quedaría con la versión digital.

El Facebook de los muertos

P. ¿Cuándo, en caso de que ocurra alguna vez, contendrá Facebook más perfiles de personas muertas que de vivas?

EMILY DUNHAM

«¡Ponte los auriculares!». «No puedo. Se me han caído las orejas».

R. O EN LA DÉCADA de 2060 o en la de 2130.

No hay muchas personas muertas en Facebook[1]. La principal razón es que Facebook, y sus usuarios, son jóvenes. La media de edad de los usuarios de Facebook ha aumentado en los últimos años, pero la página web sigue siendo utilizada en un porcentaje mucho más alto por jóvenes que por mayores.

---

1 Al menos en el momento de escribir esto, que fue antes de la maldita revolución de los robots.

El pasado

Basándome en la tasa de crecimiento de la página web y el desglose de la edad de sus usuarios con el paso del tiempo[2], pienso que probablemente haya de 10 a 20 millones de personas que crearon perfiles en Facebook y hayan muerto desde entonces.

Un anciano Cory Doctorow haciendo un cosplay de lo que el futuro cree que llevaba en el pasado.

Estas personas están, de momento, distribuidas de una forma bastante uniforme entre todas las edades. La gente joven tiene una tasa de mortalidad mucho más baja que la gente de 60 o 70 años, pero constituyen una parte considerable de las personas muertas de Facebook simplemente porque hay muchos de ellos que lo utilizan.

El futuro

Alrededor de 290,000 usuarios de Facebook de Estados Unidos probablemente murieron en 2013. El total mundial para 2013 debe ser de varios millones[3]. En solo siete años,

---

2 Se pueden conseguir recuentos de usuarios de cada grupo de edad con la herramienta para crear un anuncio de Facebook, aunque es recomendable tener en cuenta que los límites de edad de Facebook hacen que la gente mienta sobre los años que tiene.

3 Nota: en algunas de estas predicciones, he utilizado datos de edad/uso en Estados Unidos extrapolados a la base de usuarios de Facebook en su conjunto, porque es más fácil encontrar el censo y las tasas actuariales de Estados Unidos que reunir uno por uno los países de todo el mundo que usa Facebook. Estados Unidos no es un modelo a escala perfecta del mundo, pero la dinámica básica (la adopción de Facebook por parte de los jóvenes deter-

esta tasa de mortalidad se duplicará y en siete más se volverá a duplicar.

Incluso si Facebook cierra el registro mañana, el número de muertes al año seguirá aumentando durante muchas décadas, a la vez que la generación que fue a la universidad entre 2000 y 2020 envejece.

El factor decisivo de cuándo los muertos superarán en número a los vivos es si Facebook añade nuevos usuarios vivos, mejor si son jóvenes, lo bastante rápido para dejar atrás esta ola de muertes por un tiempo.

Facebook 2100

Esto nos lleva a cuestionar el futuro de Facebook.

No tenemos experiencia suficiente con las redes sociales para decir con ninguna certeza cuánto tiempo durará Facebook. La mayoría de las páginas web han destacado y luego su popularidad ha ido decayendo gradualmente, así que es razonable suponer que Facebook seguirá ese patrón[4].

---

mina el éxito o el fracaso de la página web mientras que el crecimiento de la población continúa por un tiempo y luego se estabiliza) probablemente se siga cumpliendo aproximadamente. Si presuponemos una rápida saturación de Facebook en el mundo desarrollado, que actualmente tiene la población más joven y en mayor crecimiento, desplaza muchos de los hitos un puñado de años, pero no cambia el panorama general tanto como cabría esperar.

4 Estoy suponiendo, en estos casos, que nunca se borra ninguna información. Hasta ahora, esa ha sido una suposición razonable; si te has hecho una cuenta en Facebook, es probable que esa información siga existiendo, y la mayoría de la gente que deja de utilizar un servicio no se molesta en borrar su perfil. Si ese comportamiento cambia o si Facebook lleva a cabo una purga masiva de sus archivos, el equilibrio podría cambiar rápida e imprevisiblemente.

En esa situación hipotética en la que Facebook empieza a perder participación en el mercado a finales de esta década y nunca se recupera, la fecha de cambio de Facebook (la fecha en la que los muertos superan en número a los vivos) llegará en algún momento alrededor de 2065.

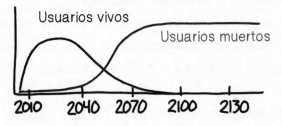

Pero tal vez no lo haga. Tal vez asuma un papel como el Protocolo de Control de Transmisión, donde se convierta en un elemento de infraestructura sobre el que se construyan otras cosas, y tenga la inercia del consenso.

Si Facebook está con nosotros durante generaciones, entonces la fecha de cambio podría prolongarse hasta mediados de la centuria de 2100.

Eso parece improbable. Nada es para siempre y los cambios rápidos han sido la norma para cualquier cosa construida con tecnología informática. Los cementerios están llenos de cadáveres de páginas webs y tecnologías que parecían instituciones permanentes hace diez años.

Es posible que la realidad se encuentre en un punto intermedio[5]. Tendremos que esperar para averiguarlo.

El destino de nuestras cuentas

Facebook puede permitirse conservar todas nuestras páginas e información indefinidamente. Los usuarios vivos siempre generarán más información que los muertos[6] y las cuentas de los usuarios activos son las que tendrán que tener un fácil acceso. Probablemente, ni siquiera si las cuentas de los muertos (o inactivas) son mayoría, lleguen a ser nunca una parte significativa de su presupuesto general para infraestructuras.

Más importantes serán nuestras decisiones. ¿Qué queremos para esas páginas? A no ser que exijamos que Facebook las borre, mantendrán presumiblemente, por defecto, copias de todo para siempre. Incluso si no lo hacen, otras organizaciones aspiradoras de datos se encargarán de ello.

Ahora mismo, el familiar más cercano puede convertir el perfil de Facebook de una persona en una página conmemorativa. Pero hay muchas preguntas alrededor de las contraseñas y el acceso a información privada para las que aún no hemos desarrollado normas sociales. ¿Deberían permanecer las cuentas accesibles? ¿Qué debería hacerse privado? ¿Debería el familiar más cercano tener derecho a acceder al

---

5 Evidentemente, si hay un rápido y repentino incremento en la tasa de mortalidad de los usuarios de Facebook (posiblemente uno que incluyera a los humanos en general), el cambio podría ocurrir mañana.

6 Espero.

correo electrónico? ¿Deberían permitir comentarios las páginas conmemorativas? ¿Cómo manejamos las provocaciones y el vandalismo? ¿Debería permitirse a la gente interactuar con cuentas de personas muertas? ¿En qué listas de amigos deberían aparecer?

Estas son cuestiones que están actualmente en el proceso de resolverse por ensayo y error. La muerte siempre ha sido un asunto importante, difícil y con una gran carga emocional y cada sociedad encuentra formas distintas de arreglar con este tema.

Las piezas básicas que componen una vida humana no cambian. Siempre hemos comido, aprendido, crecido, amado, luchado y muerto. En cada lugar, cultura y paisaje tecnológico, desarrollamos diferentes conjuntos de comportamientos alrededor de estas mismas actividades.

Igual que todos los grupos que vinieron antes que nosotros, estamos aprendiendo cómo representar esos mismos papeles en nuestro campo de juego particular. Estamos desarrollando, a veces a través de un desordenado ensayo y error, un nuevo conjunto de normas sociales para relacionarnos, discutir, aprender y crecer en Internet. Tarde o temprano, averiguaremos cómo llevar el luto.

Puesta de sol en el Imperio británico

P. ¿Cuándo (si ha ocurrido) se puso por fin el sol en el Imperio británico?

KURT AMUNDSON

R. AÚN NO SE HA PUESTO. Pero sólo porque unas cuantas decenas de personas viven en una zona más pequeña que Disney World.

El imperio más grande del mundo

El Imperio británico abarcaba el mundo entero. Por esta causa se decía que el sol nunca se ponía en él, ya que siempre era de día en algún lugar del Imperio.

Es difícil averiguar cuándo comenzó exactamente este largo día. Para empezar, todo el proceso de reivindicar una colonia (o tierras ya ocupadas por otro pueblo) es terriblemente arbitrario. En esencia, los británicos construyeron su imperio navegando por ahí y plantando banderas en diferentes playas aleatoriamente. Por ese motivo es difícil saber cuándo se añadió «oficialmente» al Imperio un punto concreto de un país.

El día exacto en el que el sol dejó de ponerse en el Imperio probablemente fuese en algún momento a finales del siglo XVIII o principios del XIX, cuando se añadieron los primeros territorios australianos.

«¿Y ese lugar sombrío de ahí?». «Eso es Francia. La conseguiremos un día de estos».

El Imperio de desintegró en su gran mayoría a principios del siglo xx, pero, sorprendentemente, el sol técnicamente no ha empezado a ponerse otra vez.

Catorce territorios

Gran Bretaña tiene 14 territorios en el extranjero, los restos directos del Imperio británico.

El Imperio británico cubre toda el área de la tierra:

Muchas colonias británicas recién independizadas se unieron a la Mancomunidad de Naciones. Algunas de ellas, como Canadá y Australia, tienen a la reina Isabel como monarca oficial. Sin embargo, son Estados independientes que tienen la misma reina por casualidad; no forman parte de ningún imperio[1].

El sol nunca se pone en los 14 territorios británicos a la vez (ni siquiera en 13, si no cuentas el Territorio Antártico Británico). Sin embargo, si el Reino Unido pierde un pequeño territorio, experimentará la primera puesta de sol en su Imperio en más de dos siglos.

Cada noche, alrededor de la medianoche GMT, el sol se pone en las islas Caimán y no sale en el Territorio Británico del Océano Índico hasta después de la 1:00 a. m. Durante esa hora, las pequeñas islas Pitcairn, en el Pacífico Sur, son el único territorio británico bajo el sol.

Las islas Pitcairn tienen una población de unas cuantas decenas de personas, los descendientes de los amotinados del HMS *Bounty*. Las islas se hicieron tristemente famosas en 2004 cuando un tercio de la población masculina adulta, incluido el alcalde, fueron condenados por abusos sexuales a menores.

Por muy horrorosas que puedan ser las islas, siguen siendo parte del Imperio británico y, a no ser que las expulsen, el día británico de dos siglos continuará.

¿Durará para siempre?

Bueno, puede ser.

En abril de 2432, la isla experimentará su primer eclipse total de sol desde que llegaran los amotinados.

Por suerte para el Imperio, el eclipse sucede a una hora en la que el sol está sobre las islas Caimán en el Caribe. Esas

---

1 Que ellos sepan.

zonas no verán un eclipse total; el sol incluso seguirá brillando en Londres.

De hecho, ningún eclipse total pasará sobre las islas Pitcairn en los próximos mil años a la hora adecuada para acabar con la racha. Si el Reino Unido mantiene sus territorios y fronteras actuales, puede alargar el día durante mucho, mucho tiempo.

Pero no para siempre. Al final, dentro de muchos milenios, un eclipse llegará a la isla y el sol por fin se pondrá en el Imperio británico.

Remover el té

P. Estaba removiendo una taza de té caliente sin prestar atención cuando me dio por pensar: «¿No estoy de hecho añadiéndole energía cinética a esta taza?». Sé que removerlo ayuda a que se enfríe el té, pero ¿y si lo removiera más deprisa? ¿Sería capaz de hacer hervir una taza de agua removiéndola?

Will Evans

R. No.

La idea básica tiene sentido. La temperatura es sólo energía cinética. Cuando remueves el té, le añades energía cinética y esa energía se va a alguna parte. Como el té no hace nada dramático, como elevarse en el aire o emitir luz, la energía debe haberse convertido en calor.

La razón por la que no notas el calor es que no añades mucha. Hace falta mucha energía para calentar el agua; por volumen, tiene una mayor capacidad calorífica que cualquier otra sustancia común[1].

Si quieres calentar agua de temperatura ambiente a casi hirviendo en 2 minutos, necesitarás mucha potencia:[2]

$$1 \text{ taza} \times \text{capacidad calorífica del agua} \times \frac{100°C - 20°C}{2 \text{ minutos}} = 700 \text{ watts}$$

Nuestra fórmula nos dice que si queremos hacer una taza de agua caliente en 2 minutos, necesitaremos una fuente de energía de 700 watts. El típico microondas utiliza de 700 a 1100 vatios y tarda unos 2 minutos en calentar una taza de agua para hacer té. ¡Da gusto cuando salen las cuentas![3]

---

1 El hidrógeno y el helio tienen mayor capacidad por masa, pero son gases difusos. La única sustancia común con mayor capacidad calorífica por masa es el amoniaco. Los tres son superados por el agua cuando se miden por volumen.

2 Nota: convertir el agua casi hirviendo en agua hirviendo requiere un gran estallido de energía adicional añadida a la que se necesita para calentarla hasta el punto de ebullición, esto se llama entalpía de vaporización.

3 Si no cuadraran, le echaríamos la culpa a la «ineficiencia» o a los «vórtices».

Poner una taza de agua en el microondas durante 2 minutos a 700 watts descarga un montón de energía en el agua. Cuando el agua cae desde la cumbre de las cataratas del Niágara, acumula energía cinética, que se convierte en calor al llegar abajo. Pero incluso después de caer a esa gran distancia, el agua solo se calienta una fracción de grado[4]. Para hervir una taza de agua, tendrías que tirarla desde encima de la parte superior de la atmósfera.

(El Felix Baumgartner británico).

¿Es remover comparable a meter en el microondas?

Basándome en cifras de informes de ingeniería de batidoras industriales, calculo que remover enérgicamente una taza de té añade calor a razón de alrededor de una diezmillonésima de watts. Esto es totalmente insignificante.

El efecto físico de remover es de hecho un poco complicado[5]. La mayor parte del calor es apartado de las tazas

---

4 Altura de las cataratas del Niágara $\times \dfrac{\text{aceleración de la gravedad}}{\text{calor específico del agua}} = 0.12°C$

5 En algunas situaciones, mezclar líquidos puede ayudar a mantenerlos calientes. El agua caliente sube y cuando un cuerpo de agua es lo bastante grande y tranquilo (como el océano), se forma una capa cálida en la super-

por el aire que convecta sobre ellas y por eso se enfrían desde arriba hacia abajo. El remover trae nueva agua caliente de las profundidades, para poder ayudar a este proceso. Pero al mismo tiempo pasan otras cosas, remover altera el aire y calienta las paredes de la taza. Es difícil estar seguro de lo que pasa de verdad sin datos.

Por suerte, tenemos Internet. El usuario de Stack Exchange **drhodes** midió la tasa de enfriamiento de una taza de té removiéndola en comparación con no removerla en comparación con meter una cuchara repetidamente en la taza en comparación con elevarla. Amablemente, **drhodes** publicó tanto gráficos en alta resolución como los datos sin procesar, que es más de lo que se puede decir de muchos artículos que se publican.

La conclusión: en realidad no importa si lo remueves, metes la cuchara o no haces nada; el té se enfría más o menos a la misma velocidad (aunque meter y sacar la cuchara del té lo enfrió ligeramente más rápido).

Lo que nos lleva de vuelta a la pregunta original: ¿podrías hervir té si lo removieras con la suficiente fuerza?

No.

El primer problema es la potencia. La cantidad de potencia en cuestión, 700 watts, es aproximadamente un caballo de potencia, de manera que si quieres hervir té en 2 mi-

---

ficie. Esta capa cálida irradia calor mucho más rápido de lo que lo haría una capa fría. Si alteras esta capa caliente mezclando el agua, el índice de pérdida de calor decrece. Esta es la razón por la que los huracanes tienden a perder fuerza si dejan de moverse hacia delante, sus olas arremolinan agua fría hacia arriba desde las profundidades, aislándolas de la fina capa de agua caliente superficial, que era su principal fuente de energía.

nutos, necesitarás al menos a un caballo que lo removiera con la suficiente fuerza.

Puedes reducir la potencia calentando el té durante un tiempo más largo, pero si la reduces demasiado el té se enfriará a la misma velocidad que lo calientas.

Incluso si pudieras batir la cucharilla lo bastante fuerte (decenas de miles de vueltas por segundo) la dinámica de fluidos se interpondría. A esas velocidades tan altas, el té cavitaría: se formaría un vacío a lo largo del camino de la cuchara y remover se volvería ineficaz[6].

Y si lo remueves tan fuerte como para que tu té cavite, su área de superficie se incrementará muy rápidamente y se enfriará a temperatura ambiente en segundos.

No importa lo fuerte que remuevas el té, no se va a calentar nada.

---

6 Algunas batidoras, que están cerradas, en realidad sí que se las arreglan para calentar su contenido de esta forma. Pero ¿qué clase de persona prepara el té en una batidora?

Todos los rayos

P. Si todos los rayos que caen en el mundo en un día cualquiera cayeran en el mismo lugar a la vez, ¿qué le pasaría a ese lugar?

TREVOR JONES

R. **DICEN QUE UN RAYO NUNCA** cae en el mismo lugar dos veces. «Están» equivocados. Desde una perspectiva evolutiva, es sorprendente que este dicho haya sobrevivido; uno pensaría que la gente que creía eso habría ido desapareciendo gradualmente de la población viva.

Así funciona la evolución, ¿verdad?

La gente suele preguntarse si se podría obtener energía eléctrica de un rayo. A primera vista tiene sentido; después de todo un rayo es electricidad[1], y la verdad es que este contiene una cantidad sustancial de energía. El problema es que es difícil que un rayo caiga donde tú quieres[2].

Un rayo típico produce la energía suficiente para suministrar energía a una casa durante dos días. Esto significa que ni siquiera el edificio Empire State, sobre el que caen unos cien rayos al año, sería capaz de mantener una casa en funcionamiento únicamente con la energía de los rayos.

Incluso en regiones del mundo donde caen muchos rayos, como Florida y el Congo oriental, la energía que producen los rayos solares en la tierra supera la de los rayos por un factor de un millón.

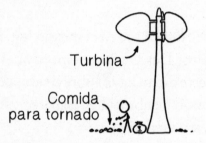

Generar energía a partir de un rayo es como construir un parque eólico en el que las aspas giraran por la fuerza de un tornado: muy poco práctico[3].

---

1 Cita: la presentación que di a mi clase de tercer grado en la Escuela Primaria Assawompset vestido con un disfraz de Ben Franklin.

2 Y he oído que nunca cae en el mismo lugar dos veces.

3 Si tienes curiosidad, sí, hice algunos cálculos sobre el uso de tornados en la activación de turbinas eólicas y es incluso menos práctico que reunir rayos. En cualquier parte del Callejón de los Tornados sólo pasa un tornado cada 4,000 años. Incluso si consiguieras absorber toda la energía acumulada del tornado seguiría

Los rayos de Trevor

En el escenario que plantea Trevor, todos los rayos del mundo caen en el mismo lugar. ¡Esto haría que la generación de electricidad fuese mucho más atractiva!

Vamos a suponer que «caer en el mismo lugar» significa que todos los rayos caen en paralelo, justo uno detrás del otro. El canal principal de un rayo —la parte que lleva la corriente— es de un centímetro de diámetro aproximadamente. Nuestro grupo contiene alrededor de 1 millón de rayos, lo que significa que tendrá cerca de 6 metros de diámetro.

Los escritores científicos siempre tienden a comparar todo con la bomba atómica de Hiroshima[4], por lo que hagámoslo nosotros también y nos lo quitamos de en medio: el rayo proporcionaría el equivalente en energía a dos bombas atómicas desde el aire a la tierra. Desde un punto de vista más práctico, es energía suficiente para alimentar una consola de juegos y una televisión de plasma durante varios millones de años. O, dicho de otro modo, podría encargarse del consumo de electricidad de Estados Unidos durante... cinco minutos.

---

produciendo menos de un voltio de potencia media de salida a largo plazo. Lo creas o no, ya se ha intentado llevar a cabo una idea similar a esta. Una empresa llamada AVEtec ha propuesto construir un «motor de vórtice» que produciría tornados artificiales y los usaría para generar electricidad.

4 Las cataratas del Niágara tienen una salida de potencia equivalente a que cayera una bomba del tamaño de Hiroshima ¡cada ocho horas! La bomba atómica de Nagasaki tenía una potencia explosiva equivalente a 1,3 bombas de Hiroshima. Para contextualizar, la suave brisa que sopla sobre una pradera también lleva aproximadamente la energía cinética de una bomba de Hiroshima.

El rayo en sí mismo no sería más ancho que el círculo central de un campo de baloncesto, pero dejaría un cráter del tamaño de todo el campo.

Con el rayo, el aire se volvería plasma de alta energía. La luz y el calor del rayo prenderían espontáneamente las superficies de muchos kilómetros a la redonda. La onda sísmica arrasaría los árboles y destruiría los edificios. Después de todo, la comparación con Hiroshima no va tan desencaminada.

¿Podríamos protegernos?

Pararrayos

El mecanismo de los pararrayos es discutible. Algunos aseguran que bloquea la descarga de los rayos «suprimiendo» la carga desde el suelo al aire, reduciendo el voltaje potencial nube-tierra y reduciendo la probabilidad de una descarga. La Asociación Nacional de Protección de Incendios (NFPA según sus siglas en inglés) actualmente no respalda esa idea.

No estoy seguro de lo que diría la NFPA sobre el rayo masivo de Trevor, pero un pararrayos no te protegería de él. Un cable de cobre de un metro de diámetro podría, en teoría, conducir la corriente desde el rayo sin derretirse. Lamentablemente, cuando

¿Qué pasaría si lo intentáramos con menos energía?

el rayo alcanzase el extremo inferior, el suelo no lo conduciría tan bien y la explosión de roca fundida destrozaría tu casa igual[5].

Rayos de Catatumbo

Reunir todos los rayos del mundo en un solo lugar obviamente es imposible. ¿Y reunir todos los rayos de una sola zona?

Recaudador
de rayos

Ningún lugar de la tierra tiene rayos constantes, pero hay una zona de Venezuela que se aproxima. Cerca de la orilla suroeste del lago de Maracaibo sucede un fenómeno extraño: continuas tormentas nocturnas. Hay dos lugares, uno sobre el lago y otro sobre la tierra en la parte occidental, donde se forman tormentas casi todas las noches. Estas tormentas pueden generar rayos cada 2 segundos, lo que convierte al lago de Maracaibo en la capital de los rayos del mundo.

Si de alguna manera fueras capaz de canalizar todos los rayos de una sola noche de las tormentas de Catatumbo en un pararrayos y lo usaras para cargar un condensador enorme, almacenaría energía suficiente para alimentar una con-

---

5 Tu casa ya estaría en llamas de todas formas debido a la radiación termal del plasma en el aire.

sola de juegos y una televisión de plasma durante aproximadamente un siglo[6].

Claro que, si pasara eso, el viejo dicho tendría que re-
visarse todavía más.

Bueno, ya sabes lo que
dicen: «Los rayos siempre
caen en el mismo lugar.
Ese lugar es Venezuela. No
deberías quedarte ahí».

---

6 Dado que no hay cobertura de datos móviles en el suroeste del lago
de Maracaibo, tendrás que pagar el servicio a través de un proveedor sate-
lital, lo que por lo general significa cientos de milisegundos de retraso.

El hombre más solo del mundo

P. ¿Cuál es la mayor distancia a la que un hombre ha estado de otro ser humano? ¿Se sentía solo?

R. ¡ESO ES SIN DUDA difícil de saber!

Lo más probable es que fueran los seis pilotos del módulo de mando del Apolo que estuvieron en órbita lunar durante su alunizaje: Mike Collins, Dick Gordon, Stu Roosa, Al Worden, Ken Mattingly y Ron Evans.

Cada uno de estos astronautas permaneció solo en el módulo de mando mientras los otros dos astronautas aterrizaban en la Luna. En el punto más alto de su órbita estaban a alrededor de unos 3,585 kilómetros de sus compañeros astronautas.

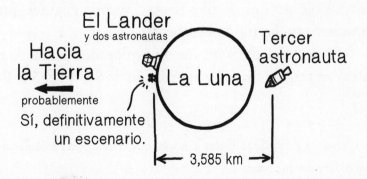

El Lander
y dos astronautas

Hacia
la Tierra

Tercer
astronauta

La Luna

probablemente
Sí, definitivamente
un escenario.

← 3,585 km →

Desde otro punto de vista, esto fue lo más lejos que el resto de la humanidad ha conseguido estar de esos astronautas.

Pensarás que los astronautas son los ganadores de esta pregunta, pero no es así de sencillo. Hay otros candidatos que les siguen muy de cerca.

Polinesios

Es difícil estar a 3,585 kilómetros de un lugar permanentemente habitado[1]. Los polinesios, que fueron los primeros humanos en extenderse por el Pacífico, puede que lo consiguieran, pero esto hubiera requerido que un solo marinero hubiera estado mucho más lejos que el resto. Puede que pasara, quizá de manera accidental, cuando alguno se separaba del grupo por una tormenta, pero no lo podemos saber con seguridad. Una vez que se colonizó el Pacífico, se volvió mucho más difícil hallar regiones de la superficie de la Tierra donde alguien pudiera lograr estar aislado 3,585 kilómetros. Ahora que la Antártida tiene una comunidad permanente de investigadores, es casi imposible.

Exploradores de la Antártida

Durante el periodo de la exploración de la Antártida unas cuantas personas han estado cerca de ganar a los astronautas y es posible que uno de ellos tenga el récord. Alguien que se aproximó mucho fue Robert Scott.

Robert Falcon Scott fue un explorador británico que sufrió un trágico final. La expedición de Scott llegó al Polo

---

1 Dada la curva de la Tierra, tendrías que cruzar 3,619 kilómetros de superficie para que contase.

Sur en 1911 sólo para descubrir que el explorador noruego Roald Amundsen le había ganado por unos cuantos meses. El desalentado Scott y sus compañeros empezaron su regreso a la costa, pero todos murieron mientras cruzaban la Plataforma de Hielo de Ross.

El último miembro con vida habría sido, durante poco tiempo, una de las personas más aisladas de la Tierra[2]. Sin embargo, él (quienquiera que fuera) todavía estaba dentro de los 3,585 kilómetros de distancia de otros seres humanos, incluidas las bases de otros exploradores de la Antártida al igual que los maoríes de Rakiura (isla Stewart) en Nueva Zelanda.

Hay muchos otros candidatos. Pierre François Péron, un marinero francés, dice que fue abandonado en la isla de Ámsterdam en el océano Índico meridional. En ese caso, estaría cerca de ganar a los astronautas, pero no estuvo lo bastante lejos de la isla de Mauricio, el sudoeste de Australia o el borde de Madagascar para que cuente.

Lo más probable es que nunca lo sepamos con certeza. Es posible que algún náufrago del siglo XVIII que fuera a la deriva en un bote salvavidas en el océano Antártico se llevara el título del hombre más aislado del mundo. Sin embargo, mientras no aparezcan pruebas históricas claras creo que los seis astronautas del Apolo tienen todas las de ganar.

Lo que nos lleva a la segunda parte de la pregunta de Bryan: ¿se sentían solos?

---

2 La expedición de Amundsen ya había abandonado el continente para entonces.

Soledad

Después de volver a la Tierra, el piloto del módulo de mando del Apolo 11 Mike Collins dijo que no se había sentido solo en absoluto. Escribió sobre su experiencia en su libro *Carrying the Fire: An Astronaut's Journeys:*

> *Lejos de sentirme solo o abandonado, me siento parte de lo que está sucediendo en la superficie lunar... No pretendo negar un sentimiento de soledad. Está ahí, reforzado por el hecho de que el contacto por radio con la Tierra se corta de manera abrupta en el instante que desaparezco detrás de la Luna.*
>
> *Ahora estoy solo, verdaderamente solo, y totalmente aislado de cualquier vida conocida. Solo yo. Si se hiciera un recuento de personas, el resultado sería tres mil millones más dos en el otro lado de la Luna y uno más Dios sabe que en este lado.*

Al Worden, el piloto del módulo de mando del Apolo 15, hasta disfrutó la experiencia.

> *Una cosa es estar solo y otra sentirse solo, y ambas son cosas diferentes. Yo estaba solo, pero no me sentía solo. Mi experiencia previa había sido como piloto de caza en las fuerzas aéreas y luego como piloto de pruebas —y eso era sobre todo en aviones de combate—, por lo que estaba muy acostumbrado a estar solo. Lo disfrutaba mucho. No tenía que hablar con Dave y Jim... En la parte trasera de la Luna ni siquiera tenía que hablar con Houston y esa era la mejor parte del viaje.*

Los introvertidos lo entienden; el ser humano más solo de la historia estaba feliz de tener unos minutos de paz y silencio.

Preguntas extrañas (y preocupantes) de la bandeja de entrada de *¿Qué pasaría si...?* (11)

P. ¿Qué pasaría si toda la población de Gran Bretaña fuera a una de las costas y se pusieran a remar? ¿Podrían mover la isla en lo más mínimo?

ELLEN EUBANKS

NO.

Un momento. A lo mejor tendríamos que desconectar antes el Eurotúnel.

P. ¿Son posibles los tornados de fuego?

SETH WISHMAN

SÍ.

Los tornados de fuego son una cosa real que pasa de verdad. Nada de lo que pudiera decir aportaría nada nuevo.

Gota de lluvia

P. ¿Qué pasaría si una tormenta descargara toda su agua en una sola gota de lluvia gigante?

MICHAEL MCNEILL

R. PLENO VERANO EN KANSAS. El aire es caliente y denso. Dos ancianos están sentados en mecedoras en el cobertizo.

En el horizonte, al suroeste, comienzan a aparecer nubes amenazadoras. Las columnas se forman mientras se acercan, la parte de arriba se extiende hacia fuera en forma de yunque.

Escuchan el tintineo de las campanas de viento al levantarse una suave brisa. El cielo se empieza a oscurecer.

Humedad

El aire retiene agua. Si aislaras una columna de aire, del suelo hasta la parte superior de la atmósfera, y luego la enfriaras,
la humedad contenida se condensaría en forma de lluvia. Si
recogieras la lluvia en la parte de abajo de la columna, la llenaría hasta una profundidad de entre cero y unas cuantas
decenas de centímetros. Esa profundidad es lo que llamamos
el agua precipitable total del aire.

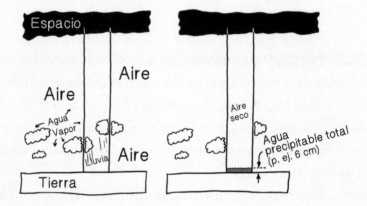

Normalmente el agua precipitable total es 1 o 2 centímetros.

Los satélites miden este contenido de vapor de agua en
cada punto del globo y generan unos mapas verdaderamente hermosos.

Imaginemos que nuestra tormenta mide 100 kilómetros
a cada lado y tiene un alto contenido de agua precipitable
total de 6 centímetros. Esto significa que el agua de nuestra
tormenta tendría un volumen de:

$$100 \text{ km} \times 100 \text{ km} \times 6 \text{ cm} = 0.6 \text{ km}^3$$

Esa agua pesaría 600 millones de toneladas (lo que resulta ser aproximadamente el peso actual de nuestra especie). Normalmente, una parte de esta agua caería, dispersa, en forma de lluvia (como mucho, 6 centímetros de ella).

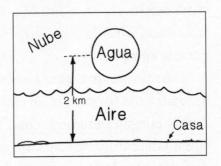

En esta tormenta, en cambio, todo el agua se condensa en una gota gigante, una esfera de agua de más de un kilómetro de diámetro. Supongamos que se forma a un par de kilómetros de la superficie, ya que ahí es donde se condensa la mayor parte de la lluvia.

La gota empieza a caer.

Durante 5 o 6 segundos, no se ve nada. Luego, la base de la nube empieza a abombarse hacia abajo. Por un momento, parece que se está formando una nube embudo. Luego el abombamiento se ensancha y a los 10 segundos la parte inferior de la gota emerge de la nube.

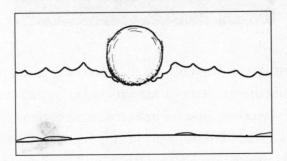

La gota ahora cae a 90 metros por segundo (200 mph). El fuerte viento convierte la superficie del agua en rocío. El extremo delantero de la gota se vuelve espuma cuando el aire entra a la fuerza en el líquido. Si siguiera cayendo el tiempo suficiente, estas fuerzas dispersarían gradualmente toda la gota de agua.

Antes de que pueda suceder esto, unos 20 segundos después de la formación, el extremo de la gota llega al suelo. Ahora el agua se mueve a más de 200 m/s (450 mph). Justo debajo del punto de impacto, el aire es incapaz de apartarse de su camino lo bastante rápido y la compresión lo calienta a tal velocidad que la hierba se prendería fuego si tuviera tiempo.

Por suerte para la hierba, este calor sólo dura unos milisegundos, porque se empapa con la llegada de un montón de agua fría. Por desgracia para la hierba, el agua fría se mueve a la mitad de la velocidad del sonido.

Casa

Si estuvieras flotando en el centro de esta esfera durante este episodio, no habrías notado nada raro hasta este momento. Estaría bastante oscuro en el centro, pero si tuvieras tiempo (y capacidad pulmonar) suficiente para nadar unos cientos de metros hacia el extremo, podrías divisar el tenue brillo de la luz del día.

A la vez que la gota de lluvia se acercara al suelo, la acumulación de resistencia del aire llevaría a un incremento en la presión que haría que se te taponaran los oídos. Pero unos segundos más tarde, cuando el agua entrara en contacto con la superficie, morirías aplastado, la onda sísmica crearía brevemente presiones que sobrepasarían a las del fondo de la Fosa de las Marianas.

El agua se estrella contra el suelo, pero el lecho de roca es inflexible. La presión fuerza al agua a moverse hacia los lados y crea un chorro supersónico omnidireccional[1] que destruye todo lo que encuentra en su camino

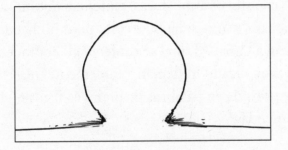

La pared de agua se expande hacia fuera kilómetro a kilómetro, destrozando árboles, casas y la capa superficial del suelo a su paso. La casa, el cobertizo y los dos ancianos son aniquilados en un instante. Todo en un radio de unos cuantos kilómetros es arrasado, dejando un charco de lodo sobre el lecho de roca. El agua continúa expandiéndose hacia fuera y derrumba todas las estructuras a distancias de hasta 20 o 30 kilómetros. A esta distancia, las zonas resguardadas por montañas o cadenas montañosas están protegidas y la riada empieza a fluir a lo largo de valles y canales naturales.

---

1 Seguramente el triplete de palabras más *cool* que he visto nunca.

La región más extensa está en gran parte protegida de los efectos de la tormenta, aunque áreas a cientos de kilómetros aguas abajo experimentan inundaciones repentinas en las horas siguientes al impacto.

Empieza el goteo de noticias en todo el mundo sobre el inexplicable desastre. Hay conmoción y desconcierto generalizados y durante un tiempo cada nueva nube en el cielo es motivo de un pánico masivo. Reina el miedo supremo mientras el mundo teme a la lluvia suprema, pero pasan los años sin señales de que el desastre se vaya a repetir.

Los científicos atmosféricos intentan durante años juntar las piezas de lo que ha ocurrido, pero no le encuentran explicación alguna. Al final se rinden y al fenómeno meteorológico inexplicado lo llaman simplemente una «tormenta *dubstep*» porque, en palabras de un investigador, «tuvo una caída tremenda»[2].

---

2 Juego de palabras intraducible: *dubstep* es un género musical derivado de la música electrónica que hace incapié en la base del ritmo: ese golpeteo continuo puede sonar como la lluvia; y *hell of a drop*, además de la "caída tremenda", puede referirse a la gota *(drop)* gigantesca de lluvia de este capítulo. (N. de la T.)

Adivinar el SAT

P. ¿Qué pasaría si todos los estudiantes que hacen el SAT contestaran todas las preguntas tipo test al azar? ¿Cuántas calificaciones perfectas habría?

Rob Balder

R. Ninguna.

El SAT es un examen estandarizado que hacen los alumnos de instituto estadounidenses. La forma de puntuar es tal que en ciertas circunstancias contestar una pregunta al azar puede ser una buena estrategia. Pero ¿qué pasaría si las contestaras todas al azar?

No todas las preguntas del SAT son tipo test, así que centrémonos en las preguntas tipo test para no enredarnos. Supondremos que todo el mundo hace bien las preguntas de desarrollo y las de completar los números.

En la versión de 2014 del SAT, había 44 preguntas tipo test en la sección de matemáticas (cuantitativa), 67 en la sección de lectura crítica (cualitativa) y 47 en la sección ultramoderna[1] de redacción. Cada pregunta tiene cinco opciones, de manera que una elección aleatoria tiene el 20 por ciento de probabilidades de ser la correcta.

---

1 Hice el SAT hace mucho tiempo, ¿*vale*?

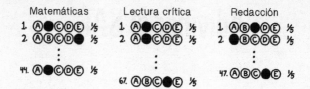

La probabilidad de acertar las 158 preguntas es de:

$$\frac{1}{5^{44}} \times \frac{1}{5^{67}} \times \frac{1}{5^{77}} \approx \frac{1}{2,7 \times 10^{110}}$$

Eso es una entre 27 octodecillones.

Si los cuatro millones de alumnos de 17 años hicieran el SAT y todos respondieran al azar, se puede afirmar casi a ciencia cierta que no habría ninguna nota perfecta en ninguna de las tres secciones.

¿Hasta qué punto es seguro esto? Bien, si cada uno utilizara un ordenador para hacer el examen un millón de veces al día y siguieran haciendo esto todos los días durante 5,000 millones de años (hasta que el Sol se expandiera y se convirtiera en una gigante roja y la Tierra se carbonizara), la probabilidad de que alguno de ellos obtuviera alguna vez una nota perfecta solo en la sección de matemáticas sería de aproximadamente un 0.0001 por ciento.

¿Cuán improbable es eso? Cada año a unos 500 estadounidenses les alcanza un rayo (basado en la media de 45 muertes por los efectos de los rayos y la tasa de letalidad de un 9-10 por ciento). Esto sugiere que las probabilidades de que a un estadounidense le caiga un rayo en un año determinado son de 1 entre 700,000[2].

---

2 En xkcd, «Riesgo Condicional»: http://xkcd.com/795/.

Esto significa que las probabilidades de sacar 10 en el SAT adivinando son menos que las de que a todos los expresidentes vivos y a todos los miembros del reparto principal de *Firefly* les caiga un rayo independientemente... el mismo día.

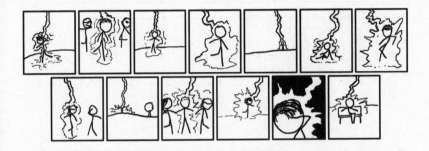

A todos los que van a hacer el SAT este año, buena suerte..., pero eso no será suficiente.

Bala de neutrones

P. Si una bala con la densidad de una estrella de neutrones fuera disparada con una pistola (ignorando el cómo) a la superficie de la Tierra, ¿destruiría el planeta?

CHARLOTTE AINSWORTH

- -

R. UNA BALA CON LA DENSIDAD de una estrella de neutrones pesaría casi lo mismo que el Empire State.

La disparemos con un arma o no, la bala atravesaría el suelo y perforaría la corteza terrestre como si la roca fuera papel de seda mojado.

Examinaremos dos preguntas distintas:

- ¿Qué le haría a la Tierra el paso de la bala?
- Si mantuviéramos la bala aquí en la superficie, ¿qué le haría a su entorno? ¿Podríamos tocarla?

Primero, un poco de contexto:

¿Qué son las estrellas de neutrones?

Una estrella de neutrones es lo que queda cuando una estrella gigante se colapsa bajo su propia gravedad.

Las estrellas existen en un equilibrio. Su masiva gravedad siempre está intentando hacerlas colapsar hacia dentro, pero esa presión activa varias fuerzas distintas que las vuelven a separar.

En el Sol, lo que frena el colapso es el calor de la fusión nuclear. Cuando una estrella se queda sin combustible de fusión, se contrae (en un complicado proceso que implica varias explosiones) hasta que el colapso es detenido por las leyes cuánticas que evitan que la materia se superponga a otra materia[1].

Si la estrella pesa lo suficiente, supera esa presión cuántica y se sigue colapsando (con otra explosión mayor) hasta convertirse en una estrella de neutrones. Si los restos pesan aún más, se convierte en un agujero negro[2].

Las estrellas de neutrones son de los objetos más densos que se pueden encontrar (aparte de la infinita densidad de un agujero negro). Las aplasta su propia inmensa gravedad, que las convierte en una sopa mecánica cuántica compacta que es en cierto modo similar a un núcleo atómico del tamaño de una montaña.

¿Está nuestra bala hecha a partir de una estrella de neutrones?

No. Charlotte ha preguntado por una bala «con la densidad de una estrella de neutrones», no por una hecha con el ma-

---

1 El principio de exclusión de Pauli evita que los electrones se acerquen demasiado unos a otros. Este efecto es una de las principales razones por las que tu portátil no se cae atravesando tu regazo.

2 Es posible que haya una categoría de objetos que pesen más que las estrellas de neutrones (pero no tanto como para convertirse en agujeros negros) llamados estrellas extrañas.

terial de una estrella de neutrones. Eso está bien, porque no puedes hacer una bala con eso. Si sacas material de una estrella de neutrones del aplastante pozo gravitatorio donde se encuentra normalmente, se volverá a expandir hasta convertirse en materia normal supercaliente con una efusión de energía más potente que cualquier arma nuclear.

Supongo que esa es la razón por la que Charlotte sugirió que hiciésemos nuestra bala de un material mágico y estable que sea *tan denso como una estrella de neutrones*.

¿Qué le haría la bala a la Tierra?

Podrías imaginar dispararla con una pistola[3], pero quizás fuera más interesante simplemente dejarla caer. En cualquier caso, la bala aceleraría hacia abajo, atravesaría el suelo y se abriría camino hacia el centro de la Tierra.

Esto no destruiría la Tierra, pero sería bastante extraño.

Cuando la bala llegara a unos cuantos metros del suelo, la fuerza de su gravedad arrancaría un enorme terrón de tierra, que volaría incontrolablemente alrededor de la bala mientras esta cayera, salpicando en todas direcciones. Cuando entrara, notarías el suelo temblar y dejaría un cráter revuelto y fracturado sin agujero de entrada.

La bala caería directamente a través de la corteza terrestre. En la superficie, la vibración disminuiría rápidamente. Pero muy por debajo la bala estaría machacando y vaporizando el manto que se encontrara por delante en su caída. Apartaría el material de su camino de un estallido con poten-

---

3 Una pistola mágica e irrompible que pudieras sostener sin que te arrancara el brazo. ¡No te preocupes, esa parte viene después!

tes ondas sísmicas y dejaría un rastro de plasma supercaliente tras de sí. Esto sería algo nunca visto en la historia del universo: una estrella fugaz subterránea.

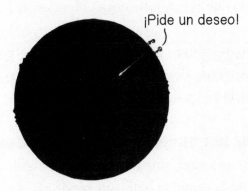

¡Pide un deseo!

Al final, la bala se detendría, alojada en el núcleo de níquel y hierro del centro de la Tierra. La energía suministrada a la Tierra sería masiva a escala humana, pero el planeta apenas lo notaría. La gravedad de la bala sólo afectaría a la roca en un radio de unos pocos metros a su alrededor; aunque pesa lo suficiente para atravesar la corteza, su gravedad por sí sola no sería lo bastante fuerte para machacar mucho la roca.

El agujero se cerraría y dejaría la bala fuera del alcance de todos para siempre[4]. Con el tiempo, la Tierra sería consumida por el Sol hinchado y envejecido y la bala alcanzaría su lugar de descanso eterno en el núcleo del Sol.

El Sol no es lo bastante denso para convertirse en una estrella de neutrones. En vez de eso, después de tragarse a la

---

4 A no ser que Kyp Durron use la Fuerza para volverla a sacar.

Tierra, pasaría por algunas fases de expansión y colapso, y al final se asentaría, dejando tras de sí una pequeña estrella enana blanca con la bala aún alojada en su centro. Algún día, en un futuro lejano (cuando el universo sea miles de veces más viejo de lo que es hoy), esa enana blanca se enfriará y se fundirá a negro.

Eso responde a la pregunta de qué pasaría si la bala fuese disparada dentro de la Tierra. Pero ¿y si pudiéramos mantenerla cerca de la superficie?

Colocar la bala en un robusto pedestal

Primero, necesitaríamos un pedestal mágico e infinitamente fuerte donde poner la bala, que tendría que estar apoyado en una plataforma igual de fuerte y lo bastante grande para repartir el peso. De lo contrario, todo se vendría abajo.

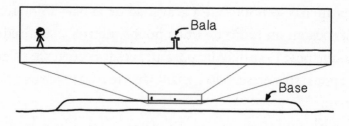

Una base aproximadamente del tamaño de una manzana de edificios sería lo bastante fuerte para mantenerla por encima del nivel del suelo durante al menos unos cuantos días, probablemente mucho más. Después de todo, el Empire State, que pesa lo mismo que nuestra bala, descansa sobre una plataforma similar y tiene más de unos cuantos días [cita requerida] y no se lo ha tragado la tierra.

La bala no aspiraría la atmósfera. Sin duda comprimiría el aire a su alrededor y lo calentaría un poco, pero, sorprendentemente, no lo suficiente para que se notara.

¿Puedo tocarla?

Imaginemos lo que pasaría si lo intentaras.

La gravedad de esta cosa es fuerte. Pero tampoco tanto.

Imagínate que estás de pie a 10 metros de distancia. A esta distancia, sientes un ligero tirón en dirección al pedestal. Tu cerebro, que no está acostumbrado a las gravedades no uniformes, cree que estás de pie en una ligera pendiente.

No te pongas patines.

Esta pendiente percibida se hace más pronunciada al caminar hacia el pedestal, como si el suelo se estuviera inclinando hacia delante.

Cuando estás a unos pocos metros, te cuesta mucho no deslizarte hacia delante. Sin embargo, si te agarras bien a algo, un picaporte o el poste de una señal, puedes acercarte bastante.

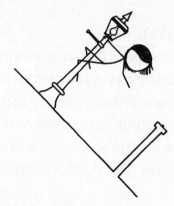

Los físicos de Los Álamos podrían llamar a esto «hacer cosquillas a la cola del dragón».

Pero ¡quiero tocarla!

Para acercarte lo suficiente como para tocarla, necesitarías un buen agarre a algo.

En realidad, tendrías que hacerlo con un arnés de cuerpo entero o al menos con un collarín; si te acercas hasta tenerla al alcance de la mano, tu cabeza pesará tanto como un niño pequeño y tu sangre no sabrá en qué dirección fluir. Sin embargo, si eres un piloto de combate que está acostumbrado a las fuerzas ge, puede que seas capaz de llevarlo a cabo.

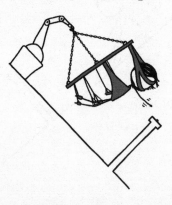

Desde este ángulo, la sangre se te sube a la cabeza, pero aún podrías respirar.

Cuando estiras el brazo, el tirón se hace *mucho más fuerte;* el punto de no retorno es 20 centímetros (unas 8 pulgadas), cuando las puntas de tus dedos cruzan esa línea, tu brazo pesa demasiado como para apartarlo. (Si eres capaz de hacer muchas flexiones a pulso en una barra con una sola mano, tal vez podrías acercarte un poco más).

Una vez que estás a solo unos centímetros, la fuerza sobre tus dedos es apabullante y tira de ellos hacia delante, con o sin ti, y las puntas de tus dedos de hecho tocan la bala (probablemente mientras se te dislocan los dedos y los hombros).

Cuando las puntas de tus dedos entran en contacto con la bala, la presión en tus dedos se vuelve demasiado fuerte y la sangre se te sale por la piel.

Como acertadamente comentó River Tam en *Firefly,* «la sangre del cuerpo humano se puede drenar en 8.6 segundos con los sistemas de aspiración adecuados».

Al tocar la bala, has creado un sistema de aspiración adecuado.

Tu cuerpo está sujeto con un arnés y tu brazo sigue pegado a tu cuerpo (la carne es sorprendentemente fuerte), pero te sale sangre a borbotones por las puntas de los dedos mucho más rápido de lo que normalmente es posible. Los «8.6 segundos» de River podrían quedarse cortos.

Luego las cosas se vuelven raras.

La sangre envuelve la bala, formando una creciente esfera rojo oscuro cuya superficie zumba y vibra con ondas que se mueven demasiado rápido para ser vistas.

Pero espera

Hay algo que ahora se vuelve importante: tú *flotas* en la sangre.

A la vez que la esfera crece, la fuerza sobre tu hombro se debilita... ¡porque las partes de las puntas de tus dedos por debajo de la superficie de la sangre están flotando! La sangre es más densa que la carne y la mitad del peso sobre tu brazo venía de los dos últimos nudillos de tus dedos. Cuando la sangre tiene unos cuantos centímetros de profundidad, la carga se vuelve considerablemente más ligera.

Si pudieras esperar a que la esfera de sangre llegase a los 20 centímetros de profundidad y si tu hombro estuviera intacto, puede que incluso consiguieras apartar el brazo.

El problema: para eso haría falta cinco veces más sangre de la que tienes en el cuerpo.

Parece que no vas a conseguirlo.

Rebobinemos.

Cómo tocar una bala de neutrones: sal, agua y vodka

Puedes tocar la bala y sobrevivir..., pero necesitarás rodearte de agua.

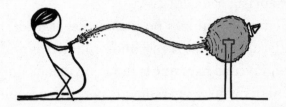

Intenta esto en casa y mándame videos.

Si quieres ser muy listo, puedes colgar la punta de la manguera en el agua y dejar que la gravedad de la bala haga de sifón por ti.

Para tocar la bala, vierte agua sobre el pedestal hasta que tenga una profundidad de 1 o 2 metros en el lado de la bala. La figura que formará se parecerá a una de estas:

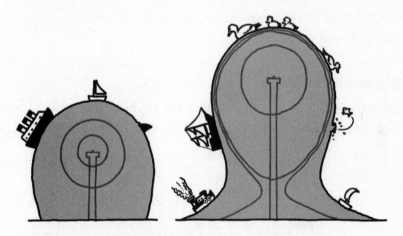

Si esos barcos se hunden, no los podrás rescatar.

Ahora mete la cabeza y el brazo.

¡Gracias al agua, puedes mover la mano alrededor de la bala sin ninguna dificultad! La bala te atrae hacia ella, pero empuja al agua con la misma fuerza. El agua (como la carne) es prácticamente incompresible, incluso a estas presiones, así que no se aplasta nada crítico[5].

Sin embargo, quizás no puedas llegar a tocar la bala. Cuando tus dedos se acercan a unos milímetros de distancia, la potente gravedad hace que la flotación juegue un gigantesco papel. Si tu mano es ligeramente menos densa que el agua, no podrá penetrar el último milímetro. Si es ligeramente más densa, será succionada hacia abajo.

Aquí es donde intervienen el vodka y la sal. Si notas que la bala tira de las puntas de tus dedos al acercarte, eso significa que tus dedos no flotan lo suficiente. Añade algo de sal para hacer el agua más densa. Si ves que las puntas de tus dedos se deslizan sobre una superficie invisible al borde de la bala, haz el agua menos densa añadiendo vodka.

Si consiguieras el equilibrio perfecto, podrías tocar la bala y vivir para contarlo.

A lo mejor.

Plan alternativo

¿Suena demasiado arriesgado para ti? No pasa nada. Todo este plan (la bala, el agua, la sal, el vodka) también son las

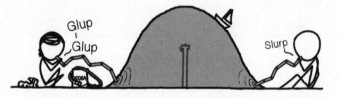

---

5 Cuando saques el brazo, estate atento a los síntomas del síndrome de descompresión debido a las burbujas de nitrógeno en los vasos sanguíneos de tu mano.

instrucciones para hacer el cóctel más difícil de la historia de las bebidas: el estrella de neutrones.

Así que agarra un popote y dale un trago.

… Y recuerda: si alguien pone una cereza en tu estrella de neutrones y esta se hunde hasta el fondo, no intentes sacarla. Dala por perdida.

Preguntas extrañas (y preocupantes) de la bandeja de entrada de *¿Qué pasaría si...?* (12)

P. ¿Qué pasaría si me trago una garrapata que tenga la enfermedad de Lyme? ¿El ácido de mi estómago mataría a la garrapata y a la borreliosis o contraería la enfermedad de Lyme desde dentro hacia fuera?

CHRISTOPHER VOGEL

Sólo para estar seguros, deberías tragarte algo para matar a la garrapata, como una *solenopsis germinata* (hormiga de fuego tropical).

Luego, trágate una mosca *pseudacteon curvatus* para matar a la hormiga.

A continuación, busca una araña..

P. Suponiendo que hay una frecuencia de resonancia relativamente uniforme en un avión de pasajeros, ¿cuántos gatos maullando a qué frecuencia de resonancia de dicho avión serían necesarios para «abatirlo»?

BRITTANY

Hola, ¿administración general de aviación?

¿Hay una «Brittany» en la lista de exclusión aérea?

... Sí, con gatos. Parece que es la misma.

Bien, sólo quería asegurarme de que estaban al corriente.

Magnitud 15 en la escala de Richter

P. ¿Qué pasaría si un terremoto de magnitud 15 en la escala de Richter tuviera lugar en Estados Unidos, pongamos que en la ciudad de Nueva York? ¿Y uno de magnitud 20 en la escala de Richter? ¿Y de magnitud 25?

ALEC FARID

R. La **ESCALA DE RICHTER**, que técnicamente ha sido reemplazada por la escala de «magnitud del momento»[1], mide la energía liberada por un terremoto. Es una escala ilimitada, pero como normalmente escuchamos noticias de terremotos con clasificaciones

10 Extremo malo

0 Extremo bueno

---

1 De una forma similar, la escala Fujita (escala Fujita-Pearson) ha sido sustituida por la escala EF (Fujita Mejorada). A veces, una unidad de medida se queda obsoleta porque es espantosa; por ejemplo, los «kips» (1,000 libras de fuerza), los «kcfs» (miles de pies cúbicos por segundo), y los «grados Rankine» (grados Fahrenheit por encima del cero absoluto). (He tenido que leer artículos técnicos escritos en cada una de esas unidades de medida). Otras veces te da la sensación de que los científicos simplemente quieren algo con lo que corregir a la gente.

de 3 a 9, mucha gente probablemente piense que el máximo es 10 y el mínimo 1.

De hecho, 10 no es el máximo de la escala, pero bien podría serlo. Un terremoto de magnitud 9 ya altera de forma perceptible la rotación de la Tierra; los dos terremotos de magnitud superior a 9 de este siglo han alterado la duración del día una pequeña fracción de segundo.

Un terremoto de magnitud 15 implicaría la liberación de casi 10^{32} joules de energía, que es aproximadamente la fuerza gravitatoria vinculante de la Tierra. Dicho de otro modo, la *Estrella de la Muerte* causó un terremoto de magnitud 15 en Alderaan.

El estudio geológico de Alderaan ha confirmado que un terremoto de magnitud 15 ha convertido todos sus sismógrafos en vapor en expansión.

En teoría podría haber un terremoto más potente en la Tierra, pero en la práctica sólo significaría que la nube de escombros en expansión estaría más caliente.

El Sol, con su alta fuerza gravitatoria vinculante, podría tener un sismo de magnitud 20 (aunque definitivamente desencadenaría algún tipo de nova catastrófica). Los sismos más potentes del universo conocido, que se dan en el material de una estrella de neutrones superpesada, son más o menos de esa magnitud. Esta es aproximadamente la liberación de energía que conseguirías si llenaras todo el volumen de la Tierra con bombas de hidrógeno y las detonaras todas al mismo tiempo.

¿Y si probáramos con menos potencia?

Nos pasamos mucho tiempo hablando de cosas que son grandes y violentas. Pero ¿qué hay del extremo inferior de la escala? ¿Existe algo parecido a un terremoto de magnitud 0?

¡Sí! De hecho, la escala llega hasta *debajo de cero*. Echemos un vistazo a algunos de los «terremotos» de baja magnitud, con una descripción de cómo serían si sacudieran tu casa.

Magnitud 0

Equivalente a los Dallas Cowboys percutiendo a toda velocidad contra el lateral del garaje de tu vecino.

Magnitud –1

Como un solo jugador de fútbol americano chocando contra un árbol en tu jardín.

Magnitud –2
Un gato cayéndose de un tocador.

Magnitud –3
Un gato tirando tu móvil de la mesilla

Magnitud –4
Un centavo cayendo de un perro.

Magnitud –5

Una pulsación en un teclado IBM modelo M.

Magnitud –6

Una pulsación en un teclado ligero.

Magnitud –7

Una pluma solitaria cayendo al suelo.

Magnitud –8

Un grano de arena fina cayendo a un montón en la parte inferior de un pequeño reloj de arena.

... Y saltemos hasta:

Magnitud –15

Una mota de polvo a la deriva viniendo a descansar sobre una mesa.

A veces sienta bien no destruir el mundo para variar.

Agradecimientos

Me ha ayudado mucha gente a hacer este libro que estás leyendo.

Gracias a mi editora, Courtney Young, por ser lectora de xkcd desde el principio y llevar a cabo este libro hasta el final. Gracias a las fantásticas personas de HMH que han hecho que todo funcionara. Gracias a Seth Fishman y a la gente de Gernert por ser pacientes e infatigables.

Gracias a Christina Gleason por hacer que este libro parezca un libro, incluso cuando eso implicaba descifrar mis notas garabateadas sobre asteroides a las tres de la mañana. Gracias a los distintos expertos que me han ayudado a responder preguntas, como Reuven Lazarus y Ellen McManis (radiación), Alice Kaanta (genes), Derek Lowe (sustancias químicas), Nicole Gugliucci (telescopios), Ian Mackay (virus) y Sarah Gillespie (balas). Gracias a Davean, que hizo todo esto posible pero odia que le presten atención y seguramente se quejará por haber sido mencionado aquí.

Gracias a la gente de IRC por sus comentarios y correcciones, y a Finn, Ellen, Ada y Ricky por revisar concienzudamente la marea de preguntas enviadas y filtrar las buenas sobre Goku. Gracias a Goku por ser aparentemente un personaje de anime con una fuerza infinita y provocar de ese modo cientos de preguntas «¿Y si...?», a pesar de que me negué a ver *Dragón Ball Z* para contestarlas.

Gracias a mi familia por enseñarme a responder preguntas absurdas pasando tantos años respondiendo pacientemente las mías. Gracias a mi padre por enseñarme mediciones y a mi madre por enseñarme patrones. Y gracias a mi mujer por enseñarme a ser fuerte, enseñarme a ser valiente y enseñarme cosas sobre pájaros.

¿Qué pasaría si..?, de Randall Munroe
se terminó de imprimir en mayo de 2015
en los talleres de Litográfica Ingramex, S.A. de C.V.
Centeno 162-1, Col. Granjas Esmeralda,
C.P. 09810, México, D.F.